LA CANDELARIA
Una explotación jesuítica del siglo XVII

GUSTAVO SARRÍA

LA CANDELARIA

Una explotación jesuítica del siglo XVII

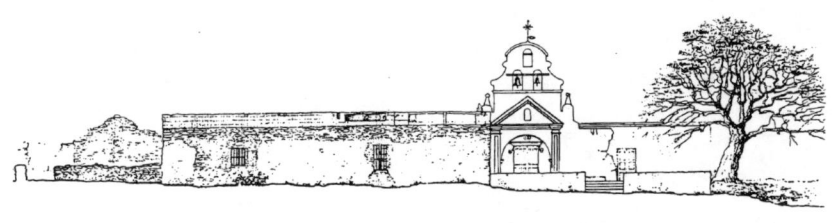

Segunda edición
corregida y aumentada

Ediciones del Copista
BIBLIOTECA DE HISTORIA

Serie: *Temas históricos de Córdoba.*

Ilustración de tapa:
  Estancia de La Candelaria, acrílico sobre tela de Juan Carlos Quadri.

Ilustración de portada:
  Dibujo de la capilla y estancia de La Candelaria, de Emilio Buteler Riu.

Copyright © 1999, Ediciones del Copista.
Lavalleja N° 47 - Dpto. 7 - 5000 Córdoba - República Argentina.

IMPRESO EN LA ARGENTINA
Queda hecho el depósito que prevé la ley 11.723
I.S.B.N.: 987-9192-39-7

RECONOCIMIENTOS DEL AUTOR

Este trabajo no hubiera sido posible sin el apoyo y afectuosa defensa del licenciado Alejandro Moyano Aliaga, el sumo experto del Archivo Histórico de Córdoba; de la inolvidable Susana Ferrari, que ya no está.

Debo agradecer también a la directora de la Casa del Virrey Liniers, señora Lozada de Solla, quien facilitó la consulta de los libros de las estancias jesuíticas que allí se custodian.

La generosidad del doctor Jorge G. C. Zenarruza, director del Instituto de Estudios Iberoamericanos, quien autorizó la utilización del trabajo publicado en la Revista del Instituto.

Finalmente, mi recuerdo para Emilio Buteler Riu, el experto en arquitectura que relevó toda la estructura de "La Candelaria", me guió en la descripción de la misma contenida en el trabajo, y cuyo fino esbozo de la fachada de la capilla ha sido utilizado para tapa de la primera edición.

GUSTAVO SARRÍA

NOTA DEL EDITOR A LA SEGUNDA EDICIÓN

Al encarar la reedición de La Candelaria, *del Dr. Gustavo Sarría, debemos agradecer en primer lugar a su autor la confianza depositada en nuestro trabajo, la cual nos honra y nos alienta.*

Pero no menos nos cabe reconocer que nuestra tarea ha contado con la minuciosidad y buena voluntad del Lic. Alejandro Moyano Aliaga, tanto en su generoso asesoramiento en general y facilitación de material bibliográfico, cuanto en su valiosa ayuda para la selección de fotografías y textos facsimilares, algunos de los cuales están presentes en esta edición merced a su gentil aporte.

Asimismo, gracias a otras desinteresadas colaboraciones hemos podido incluir material fotográfico de inestimable valor ilustrativo: a nuestro colega Gerardo Torres agradecemos el habernos permitido, como titular de Editorial Era, reproducir parte de las fotografías publicadas en la reedición del libro Monumentos religiosos de Córdoba colonial, *del Dr. Antonio Lascano González; al Sr. Hugo Vrech, su aporte de fotografías anteriores y posteriores a la reciente restauración de la capilla y construcciones aledañas; y finalmente a Artecasa Galería de Arte, la posibilidad de acceder a la obra del pintor Quadri que reproducimos en nuestra tapa.*

Con respecto a las ilutraciones que han sido tomadas de obras ya publicadas, consideramos un deber consignar en forma explícita su fuente: las de las páginas 55 (arriba), 71, 72, 74, 79, 80, 81 (arriba), 89, 91 (arriba y abajo izq.) y 92 (arriba), pertenecen al libro de Lascano González citado supra; *las que aparecen en las páginas 69, 73, 76 (izq.), 82, 85, 87, 88, 91 (abajo der.) y*

92 (abajo izq.) pertenecen al libro Documentos de Arte Argentino, Cuaderno XV, *publicado por la Academia Nacional de Bellas Artes, Bs. As., 1942; y en la pág. 15 se reproduce, con modificaciones, parte de uno de los mapas de la* Geografía de la Provincia de Córdoba, *de Manuel E. Río y Luis Achával (Bs. As., Compañía Sud-Americana de Billetes de Banco, 1904).*

Hemos creído también de interés para el lector incluir, al final, un breve "glosario" con términos que aparecen en ciertas descripciones pero no son de uso corriente. Para ello hemos tomado como fuente el Diccionario Durvan de la Lengua Española *(Durvan, S.A. de Ediciones, Bilbao) y el* Novísimo Diccionario de la Lengua Castellana *(Librería de Ch. Bouret, s/f.).*

Por último, en cuanto al texto de nuestra contratapa, cabe aclarar que el mismo ha sido extractado de una "Presentación" que el Dr. Carlos Luque Colombres redactara en su momento para la reimpresión del trabajo original por parte de una entidad oficial, la que finalmente no se concretó. Nos ha parecido oportuno y justo darle cabida de alguna forma en esta segunda edición que hoy ofrecemos.

Ediciones del Copista

ADVERTENCIA

El presente trabajo es única y exclusivamente el producto de una investigación efectuada en el Archivo Histórico de Córdoba, con la consulta de los libros de las Estancias que se encuentran en el Museo Virrey Liniers de Alta Gracia y el examen, en lo pertinente, de las Actas Capitulares del Cabildo de Córdoba correspondientes a los siglos XVII y XVIII. Constituye, en consecuencia, una construcción objetiva y documental de la historia de la estancia jesuítica de "La Candelaria", ubicada en el departamento Cruz del Eje de la provincia de Córdoba.

He creído conveniente recalcar cuáles eran sus límites por cuanto no puede esperarse del mismo ninguna conclusión más allá de la investigación. Acerca de la actividad de la Compañía de Jesús en esta parte de la América del Sur se ha escrito mucho, desde diversos ángulos y con distintas orientaciones. Nuestro propósito ha sido sólo presentar un registro documental referido a esa estancia que muestre su organización y su explotación por los Padres de la Compañía en el lapso de casi un siglo.

La merced en la Sierra Grande a García de Vera Mujica

A escaso tiempo de la fundación de Córdoba ya los conquistadores empezaron a convertirse en pobladores de las comarcas que rodeaban el núcleo elegido junto al río Suquía.

En misiones ordenadas por el gobernador Cabrera y sus sucesores anduvieron por valles y sierras verificando posibles vías y lugares apropiados para el asentamiento de poblaciones y explotaciones rurales.

Por el sistema de mercedes reales fueron apropiándose de extensiones considerables de tierras y en ellas establecían un núcleo de población: la estancia, que empezaron a trabajar con el sistema de la encomienda. Estos fueron los vecinos feudatarios. Primero fueron los fundadores y sus descendientes los favorecidos con encomiendas, luego vinieron otros españoles que por vínculos matrimoniales o por méritos de sus antepasados también fueron agraciados con mercedes reales otorgadas por los gobernadores con el fin de favorecer la colonización de las tierras sujetas a la jurisdicción del núcleo urbano respectivo.

Por vía de este sistema vemos cómo un capitán llamado García de Vera Mujica obtenía en 1619 del gobernador Quiñones Osorio merced de tierras junto al río Guamanes y hacia la cordillera (Achala) donde pobló una estancia que luego acrecentaría con más tierras.

Ese capitán favorecido por la merced real había casado en 1616 con doña Juana de Bustamante, hija del conquistador Jerónimo de Bustamante que viniera con el Fundador y fuera el primer tesorero de la Real Hacienda en la ciudad de Córdoba. Esta circunstancia no debía ser ajena a la fácil obtención de mercedes que acumuló en su vida.

Las tierras que ocupó y pobló el capitán don García de Vera estaban ubicadas en la Sierra Grande abarcando valles y cordones de sur a norte, a partir del cerro Grande de Achala y hasta dar con los bañados y llanos del valle de Soto.

En esa dirección sur-norte corre el río de los Guamanes —hoy río de la Candelaria— que naciendo de varios cursos de agua que bajan de estribaciones del macizo de los Gigantes a las pampas de San Luis y Santa Sabina, transcurre por un valle alto, la pampa de Santa Sabina, hasta unirse con el río de Quilpo formado por los ríos Pintos, San Gregorio y San Marcos, llamándose ya entonces río de la Candelaria. A su margen, en una meseta de mil doscientos metros sobre el nivel del mar, creció la estancia de García de Vera que luego fue bautizada La Candelaria en honor a la advocación de ese nombre de la Virgen María.

Este feudo del noroeste cordobés, poblado por García de Vera fue el núcleo originario de la gran explotación que luego habrían de organizar los Padres de la Compañía de Jesús y que se conoció —y conoce— como Estancia y Potreros de la Candelaria, dentro del departamento Cruz del Eje de la Provincia.

Hacer su historia, con los elementos documentales existentes en el Archivo Histórico de Córdoba, es el propósito de este trabajo.

El período estudiado abarca desde mediados del siglo XVII hasta la expulsión de los Padres en 1767 pues la intención es mostrar el origen, consolidación y desarrollo de una estancia jesuítica de las varias que los Padres establecieron en el territorio de Córdoba, jurisdicción de la gobernación del Tucumán. Una investigación de este tipo vinculada al desarrollo de la tarea educacional e ideológica de la Compañía en Córdoba, puede servir para entender más cabalmente la "formación histórica de Córdoba".

Las explotaciones de las estancias debían servir, según lo afirmado por los propios Padres, para sostener las casas de estudio de la Compañía que en Córdoba fueron principales y florecientes:

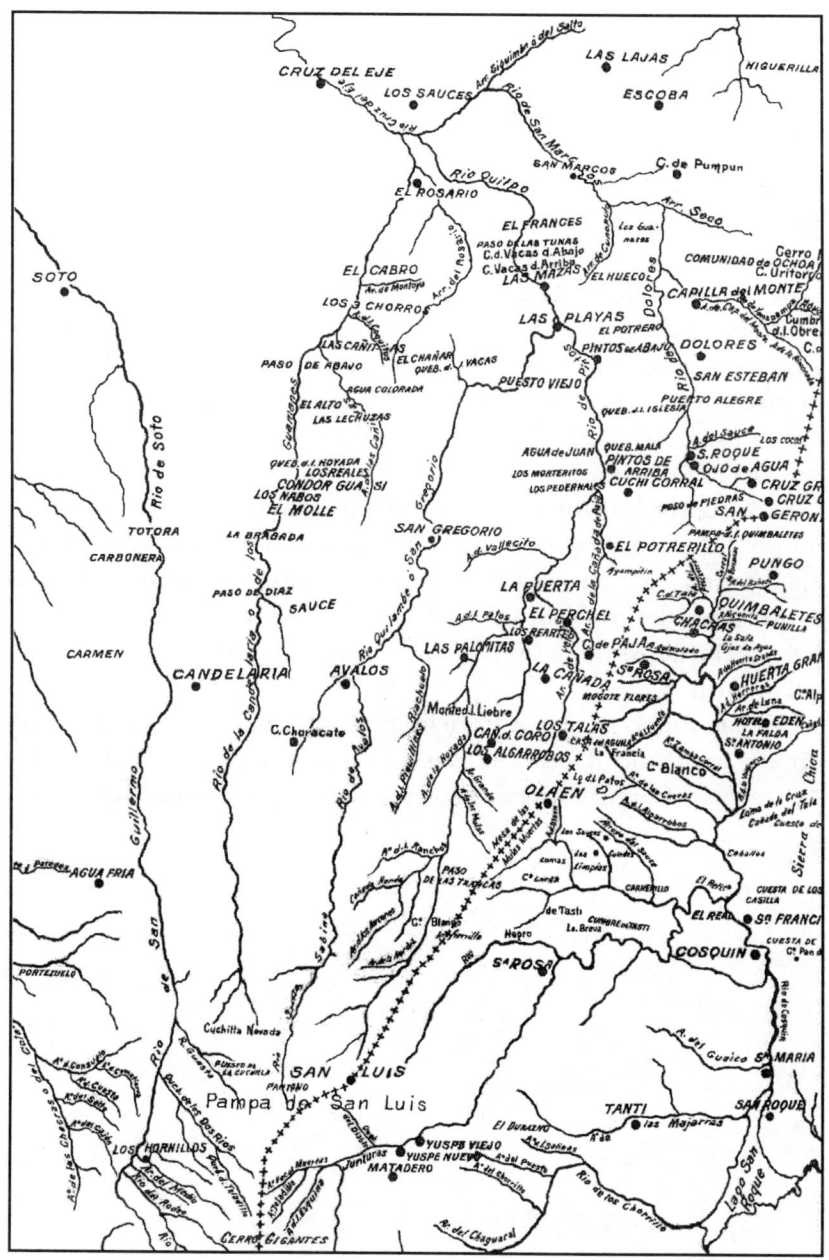

Mapa hidrográfico de la zona de La Candelaria, anterior a la construcción del dique de Cruz del Eje (la línea de cruces marca la divisoria de aguas de las vertientes orientales y occidentales).

el Noviciado y el Colegio Máximo. Tanto uno como otro dispusieron de sus rentas respectivas manejadas por sus directores como responsables directos y en forma delegada de las explotaciones rurales asignadas a cada instituto. El sistema de administración aparece a través de los documentos mostrando rigurosas y periódicas auditorías con las visitas de inspección y la revisión de los libros de cuentas con la firma del Visitador. El orden y la producción eficiente surge a la vista en el examen de los papeles y en los expedientes consultados. La intervención de la autoridad real con motivo de la orden de expulsión muestra en ese momento cuál era el estado de la Estancia; las administraciones posteriores nos revelan la decadencia.

La Compañía utilizó para las explotaciones abundante mano de obra esclava de procedencia africana; puede notarse la ausencia total de elemento nativo indígena y ello es debido a las leyes protectoras de los naturales que impedían su utilización en el trabajo fuera del sistema de las encomiendas del que se valió la actividad civil.

Como antecedentes históricos al asunto propiamente dicho he creído oportuno hacer una referencia detallada a las actividades del capitán García de Vera Mujica, que fundó la Estancia.

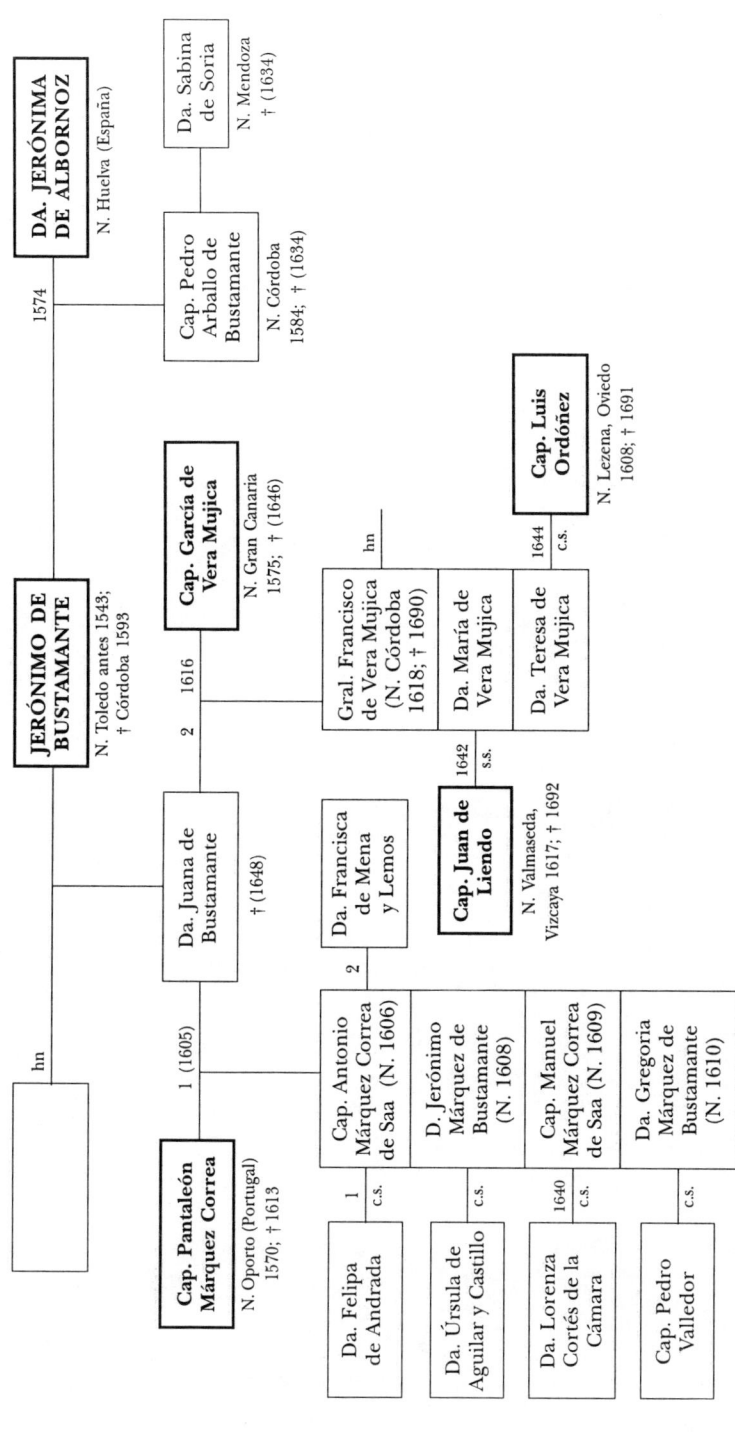

Esquema genealógico de la familia de Da. Juana de Bustamante (realizado por el Lic. A. Moyano Aliaga).

Los Vera Mujica
(tierras, pleitos, gentes)

POBLADOR afincado en los valles de la Sierra Grande, el capitán García de Vera Mujica, desde 1619, con hogar constituido con una hija de fundador: doña Juana de Bustamante, con quien había casado en 1616, pidió en merced al gobernador y adelantado don Juan Alonso de Vera y Zárate antes de 1622 más tierras contiguas a las que ya poseía en Polotosacate, a veinticuatro leguas de Córdoba, estimando la merced en una legua en contorno a su posesión junto a la Cordillera y los guaicos* que los indios llaman "río de los Guamanes", «tierras yermas y despobladas, por ser ásperas, refugios de indios cimarrones que se fortifican en esos parajes y hacen daño».

Señala en la petición que pide merced hacia el norte hasta el río de Soto que está a dos leguas de la linde de su estancia, y si se le da poblará otra estancia. El Adelantado se las concede en 1622 (el 9 de octubre) [1].

Posteriormente, el año 1625 ó 1626 solicitó al mismo adelantado merced de las tierras situadas al sur de su casco de Guamanes hasta el cerro que llaman Achala, también «zona despoblada y yerma donde habitan cimarrones que hacen daño a las estancias y pueblos de indios»; hace su solicitud a nombre de su hijo Francisco de Vera y Mujica que tenía para ese entonces siete años. Así se

---

* *Guaico*: Conjunto de piedras que desde las alturas de la cordillera arrastran los torrentes (N. del Ed.)

[1] Archivo Histórico de Córdoba (en adelante A.H.C.), Escr. 1, Leg. 563, Exp. 1, 1878. Contiene copias autorizadas de las mercedes.

la otorga el Gobernador Adelantado el 5 de febrero de 1626, especificando que la merced comprende las tierras al sur del río Guamanes hasta el cerro de Achala: dos leguas a cada banda. El acto posesorio fue cumplido por el hijastro del capitán García, llamado Antonio Márquez Correa, quien concurrió al terreno con Juan de Vera Mansilla, y puesto en él las nombró de San Antonio. Fueron testigos del acto: Manuel Márquez Correa, don Diego, Pablo y Domingo[2], indios éstos de la encomienda de Antonio Márquez.

También en 1642 elevó petición don García al gobernador don Francisco de Avendaño y Valdivia, caballero del hábito de Santiago, persiguiendo se le hiciera merced de las "demasías" y tierras del cerro Grande de Achala en extensión de cuatro leguas cuadradas. Esta merced se le concedió con la firma del gobernador don Miguel de Sesse el 15 de setiembre de 1642, y fue a tomar posesión de las mismas el primogénito Francisco de Vera, indicando que las tierras que toma son «las que corren desde el cerro Grande de Achala hasta el río Guamanes y las demasías en el camino a Salsacate hacia la parte naciente del sol». Quien le dio la posesión fue el comisionado juez don Cristóbal de Oscariz Beaumont y Navarra, el cual midió las tierras que se llamaron de La Candelaria.

Quién era el dueño de esta enorme extensión de tierras en las pampas y guaicos de las Sierras Grandes, cuál fue su actividad, su vida, es lo que vamos a ver enseguida.

Por las actuaciones de probanzas de dicho capitán, sabemos que García de Vera Mujica, vecino de esta ciudad de Córdoba, fue lugarteniente, justicia mayor y capitán de guerra por nombramiento del adelantado don Juan Alonso de Vera y Zárate; por sus pares elegido dos veces alcalde ordinario de Córdoba.

Concurrió a la guerra calchaquí y a la expedición al Puerto de Buenos aires, a su costa. En la relación de méritos de sus antepasados nos informamos que García fue hijo del capitán Martín de Vera, vecino regidor, y de doña Ginebra de Mujica, descendiente

---

[2] A.H.C., Escr. 2, Leg. 48, Exp. 8.

de conquistadores de las Canarias, pues era hija del gobernador Pedro de Mujica. Ese Martín de Vera, fue hijo de otro capitán del mismo nombre que a su vez era hijo del gobernador de Canarias Pedro de Vera, descubridor y poblador de dicha isla, donde sirvió al Rey con armas y caballos y criados a su costa, gastando todo en la primera entrada y conquista y defensa de la isla; el padre de este caballero fue Martín de Vera, que como vasallo del Rey prestó servicios como alcalde y capitán del castillo de Galipoli, sirviendo en la infantería de la Armada Real de Castilla[3], siendo de una «rama de la ilustre casa de los Veras».

García de Vera había casado en Córdoba en 1616 con doña Juana de Bustamante, hija natural del conquistador Gerónimo de Bustamante. Doña Juana lo hacía en segundas nupcias, luego de enviudar de su primer marido Pantaleón Márquez Correa. De ese segundo matrimonio tuvo como hijos legítimos a su primogénito Francisco, a doña Teresa de Vera que fue esposa del capitán Luis Ordóñez, y a doña María de Vera que fue esposa del capitán Juan de Liendo[4].

Alternó el desempeño de sus dignidades en la Ciudad con la empresa rural esforzada de aquel entonces. Atravesar las sierras no era por cierto chica aventura; si a ello se le agrega la obra de levantar moradas e instalaciones, plantar quintas, hacer chacras, y todo eso con la gente de que se podía disponer en la época, diremos que esos señores estaban dotados de un espíritu de conquista pleno y reflexivo. Su obra de colonización nos muestra un sentido de permanencia, de asentamiento definitivo que habla de la decisión de sus autores de fundar el edificio de una estirpe, el solar de un linaje americano, sin temor al tiempo y la mudanza.

A siete años de su matrimonio sabemos, por su testamento, que poseía: sus estancias de Guamanes y Quilambe, y las tierras obtenidas por mercedes de los gobernadores, de las que hemos dado cuenta más arriba. En ellas criaba: ovejas de Castilla (4.236 y

---

[3] ARCHIVO MUNICIPAL (en adelante A.M.), *Actas Capitulares*, Tomo XI, p. 72 ss.

[4] A.H.C., Escr. 2, Leg. 5, Exp. 90, 1684.

700 carneros capados); ochocientas vacas (sin contar crías del año); trescientas yeguas, con los asnos garañones y algunos pollinos (este ganado era la fuente de mayor riqueza: la obtención de mulas); bueyes mansos, caballos de servicio de las estancias, muladas domadas para lo mismo.

Tenía también don García alrededor de veinte esclavos negros para las labores y el servicio de su persona y familia.

En cuanto a cultivo, sólo nombra «un solar con su viña la mitad» y no lo ubicamos por falta de otro dato, aunque se enumera a renglón seguido de «las casas de morada y la atahona*»; poseía además una «chacarilla» junto a esta ciudad, que no debía ser muy estrecha puesto que albergaba en ella, en 1623, cuatrocientas setenta ovejas [5].

A través de las actas del Cabildo podemos seguir parcialmente su *cursus honorum*: elegido el 1º de enero de 1620 alcalde ordinario, juntamente con el capitán Juan de Tejeda (éste como de primer voto), se desempeñó durante todo ese año en la gestión de los asuntos de la Ciudad y otros atinentes al gobierno de la "república". Una de las primeras resoluciones de este Cabildo fue proseguir las obras de la Iglesia Matriz para lo cual se dispuso contribución de los vecinos encomenderos que debían aportar el trabajo de los naturales que "estaban en su encomienda"; asimismo se proveyó a la limpieza de la acequia para que llegara agua a la Ciudad, encargándosele ser depositario y recaudador de los dineros para ese fin. Durante el año se continuaron las obras de "aderezo del río" que también estuvieron bajo la vigilancia de nuestro alcalde de 2º voto [6].

En 1626, García de Vera se desempeñaba como teniente de gobernador y capitán a guerra; y en 1629, el Cabildo resolvía despachar libranza al que fuera gobernador, capitán García de Vera Mujica, para que pagara 148 pesos de los doscientos que en las

---

* *Atahona:* tahona. Molino de cereales cuya rueda mueve una caballería (N. del Ed.).

[5] A.H.C., Reg. 1, Fº 122 vto., 126, 1623-24. Escr. Alonso Nieto.

[6] A.M., *Actas Capitulares*, Libro VI.

cuentas que se le tomaron en la residencia de su oficio, debía dar al procurador D. Diego Maldonado de Ribera que iba a las Cortes y pague asimismo otros 148 pesos que debe del resto de los dichos 200 de las cuentas [7].

El 1º de enero de 1645 en el cabildo primero del año se eligieron nuevos integrantes como alcaldes ordinarios, y resultó electo García de Vera con 8 votos. No pudo hacerse cargo enseguida por encontrarse en su estancia, y lo hizo recién el 27 de enero cuando regresó y prestó juramento como alcalde de primer voto.

Era por estos días gobernador y capitán general de la provincia de Tucumán D. Gutierre de Acosta y Padilla que, a estar a las actas capitulares, no se llevaba bien con el Cabildo de aquel año. Entre los roces habidos vino a enredarse con los Vera. Con motivo del nombramiento que presentó Francisco de Vera como alguacil de la Santa Cruzada, el gobernador Acosta y Padilla dejó constancia de que ese título «no se había exhibido en su presencia y que tomado conocimiento del mismo expresaba que ese título era buscado y adquirido con el fin de estar exento de ir a la guerra por sí o por su padre», aludiendo a que éste era encomendero. Protesta porque él «tiene mandado que los solteros de esta ciudad y los demás de la provincia deben estar dispuestos para ir a los socorros del puerto de Buenos Aires por ser la gente que menos falta hace a la República y que más aprecio hace de ser valientes y con menos obligaciones», y agrega «que ni por su padre, siendo encomendero y que tampoco ha ido a ningún socorro de las guerras que hubo con los indios del Valle Calchaquí y verse claro que tiene el título para hacer travesuras a título de dicho oficio sirviéndole de asilo y reparo, pese a la calidad alegada por su padre de cuantos han pasado a Indias». Pero no obstante todas las observaciones, dispone se comunique al Comisario de la Santa Cruzada todo lo dicho y si fuese voluntad del Comisario que Vera use el oficio de alguacil mayor o menor lo use como le pareciere, libremente, y advierte que en adelante «ponga el Comi-

---

[7] A.M., *Actas Capitulares*, Libro VII, p. 90.

sario al hacer nueva elección sus ojos en persona casada quieta y pacífica y que no ocasione ruidos ni competencias de jurisdicción y así se lo exhorta a su merced»[8].

El 26 de setiembre de 1645 en la reunión del Cabildo en que se discutía la celebración del Santo Patrono de la Ciudad, que lo sería el sábado treinta, y sobre quién portaría el real estandarte, se excusó primero José de Quevedo, que era el alférez real, por tener la mujer muriendo; luego se trató de la situación del alcalde de primer voto don García de Vera Mujica, quien «está achacoso de enfermedades y no podrá acudir a sacar el real estandarte por dicha causa»; así nombraron para hacerlo a Alonso Luján de Medina, alcalde de segundo voto. En la sesión del 2 de noviembre de ese año el Capitán se presenta y alega estar imposibilitado «por sus enfermedades y mucha edad» para poder continuar con la obra y reparo de la acequia como hasta entonces lo había hecho y pide se le haya por excusado y se nombre otra persona en su lugar». El Cabildo lo dio por excusado y agradeció el cuidado y trabajo que había puesto en la obra.

No obstante el estado en que —al parecer— estaba don García en setiembre, las actas del Cabildo dan cuenta de que por el mes de noviembre, ante el requerimiento que el señor Gobernador, en nombre del Virrey hiciera de soldados y contribución personal para auxilio del puerto de Buenos Aires, fue don García, como alcalde de primer voto vocero del cuerpo representativo cordobés para oponerse al sacrificio excesivo y adelantados auxilios pedidos por Buenos Aires. Las actas respectivas son un importante indicio de las relaciones existentes por aquel tiempo entre Córdoba y Buenos Aires y dato cierto para un análisis original de los intereses encontrados de una y otra ciudad.

El cabildo abierto que se realizó con motivo del «exhortatorio del gobernador del puerto de Buenos Aires don Gerónimo Luis II de Cabrera» y que permitió a Vera exponer verbalmente los motivos que por intermedio del señor Procurador General ya se habían expuesto, nos descubre razones cordobesas que pueden con-

---

[8] A.M., *Actas Capitulares*, Libro XI, pp. 181 y 55.

siderarse como indicios de la actitud autonomista que aparecerá en el período de la Revolución. El Alcalde que reiteró las razones del cabildo anterior, don Juan de Santillán, expresó en la sesión del 17 de octubre de 1645 «que de a menudo a pedir socorro a esta Ciudad y Provincia para acabarla de destruir y en especial esta Ciudad sola que ha sido la que lo ha lastado»[9].

El 28 de mayo de 1646, cuando don García otorgó codicilio de sus últimas voluntades ante Alonso Luján de Medina (su colega como alcalde en 1645), estaba «enfermo en la cama y sano de su juicio y entendimiento a lo que pareció» y no pudo firmar el documento «por la gravedad de la enfermedad en los brazos de pasmos y resfrío». Terminaba así la vida de este capitán, siendo por ese entonces su hijo mayorazgo capitán y —como hemos visto— alguacil de la Santa Cruzada, mozo soltero que provocó el enojo del gobernador Acosta y Padilla al presentar su título, que lo eximía de la guerra[10].

Muerto García le sobrevivió su esposa, sus hijas nombradas y este su heredero don Francisco que pasó a conducir las estancias de la Sierra Grande, no sin inconvenientes con sus cuñados y parientes que le disputaron tierras y tuvieron con él largos pleitos.

Nos interesa construir en lo posible su biografía, tan relacionada con la integración y el destino de la que fue la estancia jesuítica de La Candelaria.

Francisco de Vera y Mujica había nacido en Córdoba hacia 1618 y era el mayor de los tres hijos del matrimonio de don García con doña Juana de Bustamante. En 1626 a petición de su padre le fue otorgada merced de las tierras que estaban «al sur de los Guamanes hasta un cerro que llaman Achala con dos leguas a cada banda de dicho río» (tenía el beneficiado ocho años de edad).

En 1645 lo vemos figurar como alguacil de la Santa Cruzada, con disgusto del gobernador don Gutierre de Acosta, porque se suponía que fuera nombramiento solicitado para no asis-

---

[9] A.M., *Actas Capitulares*, Libro IX, pp. 240 y 250.
[10] A.H.C., Reg. 1, F° 214 a 217, 1645. Escr. Alonso Luján de Medina.

tir a la guerra. Su nombre vuelve a aparecer en las Actas Capitulares hacia 1648 con la calidad de Tesorero Juez Oficial Real de la Real Hacienda de la ciudad de Córdoba y su distrito, por muerte de don Pedro de Ledesma (propietario) y por haber dado fianza en forma; este nombramiento le fue otorgado por el licenciado doctor don Francisco de Soca, de la Real Audiencia de la ciudad de La Plata a cargo de la presidencia de la misma. Era el 7 de abril de 1648. El Gobernador, don Gutierre de Acosta, se reservó el derecho de decidirlo «cuando convenga»: seguía sin aceptarlo. No obstante, Vera se desempeñó en adelante y en la lista de "Encabezamiento de la Ciudad para la Unión de armas" figura como tesorero y junto a él sus cuñados Juan de Liendo y Luis Ordóñez [11].

Sigue en el desempeño de su cargo, que recién en diciembre de 1648 es aprobado ante el Cabildo al presentarse la confirmación expedida por el virrey del Perú don Pedro de Toledo y Leyba, marqués de Mancera, en mayo de ese año disponiendo el Cabildo que fuera así recibido al uso y ejercicio del dicho oficio, continuando con el cargo y certificaciones en 1649 [12].

Por las constancias del libro décimo de las Actas Capitulares, sabemos que el dicho capitán Francisco de Vera fue con el gobernador don Gutierre de Acosta y Padilla "en socorro" contra los indios rebeldes del distrito de La Rioja y valle de Londres, donde sirvió asimismo en el cargo de lugarteniente y justicia mayor del gobernador Nestares; capitán de la guerra y leva y conducción de soldados y gente española, compañía de infantería en socorro del puerto de Buenos Aires, a pedido del Virrey Conde de Salvatierra, «comportándose aventajadamente»[13].

Para esa fecha se encuentra nuestro don Francisco desempeñando el cargo de Tesorero Juez Oficial de la Provincia. Todos estos antecedentes hace valer el gobernador don Roque de Nestares Aguado para nombrarlo en 1653 Cabo Superintendente en

---

[11] A.M. *Actas Capitulares*, Libro IX, p. 555.

[12] A.M. *Actas Capitulares*, Libro IX, p. 623.

[13] A.M. *Actas Capitulares*, Libro X, p. 248, año 1653.

materia y casos de guerra (en prevención de guerra de las ciudades del Tucumán y de la del Río de la Plata y puerto de Buenos Aires y también para reparo y socorro de las ciudades de La Rioja, San Juan de la Ribera y San Miguel de Tucumán, fronteras de los indios del Valle Calchaquí) al susodicho Capitán, a quien llama «vecino feudatario, persona noble hijodalgo».

El gobernador Nestares lo había hecho Teniente de Gobernador en 1652 y en mayo de ese año firma las Actas Capitulares como tal.

Cesó en el cargo el 1º de agosto, y fue reemplazado por el sargento mayor Andrés Ortiz de Mercado. Mientras tanto seguía desempeñándose como tesorero [14].

Nuevamente encontramos al capitán Francisco de Vera en los asuntos de la Ciudad en 1664 (Libro XI, fs. 72 a 78) cuando se presenta al Cabildo con el título por el cual se le nombra Teniente General de la Provincia, firmado por el teniente del maestre de campo general don Pedro de Montoya, caballero de Santiago y capitán general de esta Provincia. En tal carácter se le recibió juramento el 14 de enero. El título expedido hace mención de los méritos de Vera, como hijo legítimo del capitán García de Vera Mujica (vecino de Córdoba, lugarteniente y justicia mayor y capitán de guerra por nombramiento del adelantado don Juan Alonso de Vera y Zárate; dos veces alcalde ordinario; que fue a la guerra Calchaquí y al puerto de Buenos Aires a costa suya); expresa seguidamente que «don Francisco de Vera en sus tiernos años ha ocupado el puesto de capitán de caballos lanza españolas con don Gutierre de Acosta Padilla que lo fue de esta Provincia por su Majestad cuando el dicho Gobernador y asimismo sirvió el oficio de Tesorero juez oficial real de esta Provincia por nombramiento del Excmo. señor Marqués de Mansera, Virrey de estos Reynos; que asimismo ocupó el puesto de lugarteniente, justicia mayor y capitán a guerra de esta Ciudad por el gobernador don Roque de Nestares Aguado, y luego nombrado por ese Gobernador, Capitán a Guerra de esta Ciu-

---

[14] A.M. *Actas Capitulares*, Libro X, p. 387.

dad y asimismo Cabo superintendente de las armas y guerra de esta Ciudad y la de La Rioja, Londres y San Miguel de Tucumán en todos cuyos oficios y cargos ha dado buena cuenta y lo continuará más adelante; y ser de la ilustre casa de los Vera que tan señalados servicios tienen realizados a su Magestad en todos sus reinos y señoríos».

En mayo de 1664 al salir hacia al norte el gobernador y capitán general de la provincia don Pedro de Montoya, ordena a Francisco de Vera como teniente general que no salga de la Ciudad para «que esté con toda vigilancia y con toda prontitud a cumplir y ejecutar todas las órdenes que le vinieren para conservación de las Repúblicas, paz y quietud de ellas y que los oficiales de guerra mayores y menores cumplan y guarden en todo y por todo sus órdenes».

En el Cabildo abierto del veinte de octubre de 1664 asiste el capitán Vera como teniente general de esta Provincia y justicia mayor en ella; en ese Cabildo el gobernador y capitán general de la Provincia de Tucumán don Alonso de Mercado y Villacorta hizo que se leyesen y publicasen las asistencias y medios que propuso al gobernador de las Provincias del Río de la Plata don José Martínez de Salazar referentes a sacar copia de las medidas y asistencias dispuestas por el Cabildo para ir a la guerra del valle Calchaquí.

En enero de 1665 se dispone en el Cabildo insertar el auto de confirmación de oficio del señor teniente general de la provincia del Tucumán Francisco de Vera Mujica, estableciendo sus prerrogativas y límites de su competencia con respecto a los tenientes particulares.

Se transcribe a continuación un auto del primero de enero de 1665 donde se da cuenta de que «antes de ayer en presencia del Capitán Francisco de Vera Teniente General, se remató y concedió el cargo de alguacil mayor a Cristóbal de Heredia». Luego se hace transcribir la oposición del teniente de gobernador y justicia mayor Bernardo de Reyna Vera «en contra de Heredia y discutiendo el título del Capitán Vera como Teniente General». El Cabildo rechaza las pretendidas disposiciones de Reyna Vera y confirmó al teniente general a quien se le invitó en la persona de su sobrino capitán Antonio Márquez Correa —quien había hecho intimación al Cabildo para que confirmase la Real provisión de confirmación de oficio despachada por los señores presidentes y oidores de la Real Audiencia del puerto de Buenos Aires. Esa provisión fue acatada por el Cabildo y dispuso que el Teniente General viniera a ejercer su oficio general y concurriera Bernardo de Reyna Vera al pleito sobre la vara de alguacil mayor; asimismo se resolvió sobre las elecciones que había que hacer de alcaldes ordinarios y de la Santa Hermandad para dicho año, lo que se efectuó y concurrió Vera y entregó conforme a lo resuelto por el Cabildo las tres varas altas de la Real Justicia en nombre de su Majestad. Asimismo con su presencia se eligió procurador y demás funcionarios el 2 de enero, firmándose las actas respectivas.

Durante ese año de 1665 seguimos al capitán Francisco de Vera en su salida al «pago de Santiago» a cobrar los donativos y a reclutar gente para la guerra calchaquí. Consta en las actas que envió a ciento veinte soldados, con su sargento mayor y sus oficiales que se dirigieran hacia la frontera hacia donde él los siguió enseguida. Fuese a conducir a esa gente a la frontera de los choromoros para entrar en ella con el cuerpo del ejército que se dirigía a la pacificación y conquista de los indios rebeldes del Valle Calchaquí. No sabemos de su regreso en qué fecha exacta se produjo, pero sí que cesó en el cargo de Teniente General y Justicia Mayor de la Provincia por decisión del gobernador Mercado de Villacorta, quien expidió en San Miguel de Tucumán en enero de 1666 nombramiento para ese cargo a nombre del maestre de campo Gabriel Sarmiento de Vega, vecino de La Rioja, notificándose al capitán Vera para que entregara al mismo los oficios de su desempeño, la vara e insignia militar (insignia y bengala); lo que se llevó a efecto en marzo de 1666[15].

Sólo lo volvemos a ver figurando como contribuyente en el «Encavesonamiento [*sic*] para la Unión de Armas» con 4 pesos[16].

---

[15] "Bengala": insignia de mando a modo de bastón mic. 5.XVII - Crónicas: *Diccionario etimológico*.

[16] *Actas Capitulares*, Libro XI, p. 72 ss., ver p. 334.

Hay en el expediente una copia de un pedido de amparo del general Vera, en el que expresa que «habiendo estado en la nueva conquista del Valle Calchaquí, algunas personas se han metido maliciosamente en sus tierras». El pedido de amparo es despachado el 2 de julio de 1675; en su escrito Vera alude que ya no puede ir a su estancia de Quilambe porque es hombre grueso, lisiado y viejo. Esto lo dice en 1679.

En ese año su hijo Martín de Vera Mujica interviene en la estancia para hacer cumplir el amparo y éste con su orden dejó en dichas tierras a Bernabé Barrera con indios y negros que «son criados de los R.R. Padres de la Compañía»[17].

---

[17] A.H.C., Escr. 1ª (Ávalos), Leg. 563, Exp. 1, especialmente Fº 55-57.

La donación de Francisco de Vera

EL 25 de agosto de 1683, el general Francisco de Vera y Mujica —que tenía sesenta y cinco años de edad— compareció ante el escribano de Su Majestad Antonio Quijano de Velasco para hacer constar por testimonio la donación que había decidido efectuar a favor del *Noviciado de la Compañía de Jesús* de gran parte de las tierras que eran de su propiedad en el territorio de Córdoba, enumerándolas como: «las del río de Pintos y Ocombis y estancia y pampas de Ocombis, con la Estancia que está en el río de Quilambi», «reservando y exceptuando de esta donación las tierras solo de que traigo litigio con el capitán Luis Ordóñez, que llaman de Polotosacate y las que así de no caer doce leguas poco más o menos, con todas sus entradas y salidas usos y costumbres, derechos y servidumbres».

En este instrumento vemos la ubicación y extensión de las tierras que, por el mismo, el general Vera dio a los Padres. Las determinaciones topográficas son precisas: las tierras del río Pintos y Ocombis: son los campos situados al naciente del río Guamanes (la vieja estancia de su padre García de Vera) y un poco al sur del asentamiento propiamente llamado "Estancia de La Candelaria".

Según Río y Achával, el río Pintos nace en la parte norte de la Pampa de San Luis; los arroyos que lo forman pasan por la Pampa de Santa Sabina y se unen en dos principales: el de San Luis y el de la Noria que se reúnen en el límite noroeste de la Pampa de Olaen. Después de esta confluencia el río se llama del Corral Blanco y recibe otros afluentes, como los arroyos de los Horcones y de los Ranchos. Más abajo se le junta por la margen derecha otro que viene de los Algarrobos, y más adelante, cerca de la "Puerta de Abajo", el arroyo del Perchel, que viene del Bajo del Pungo. Este arroyo conduce las aguas que bajan al oeste de la cumbre de los Talas, extremidad sud de la sierrita de San Marcos. Al norte de los Talas, el cordón continúa con el nombre de la Sierra de Ayampitín, la cual envía sus aguas por el arroyo de Cañada de Paja que nace de la quebrada del Infiernillo y desagua en la orilla derecha del río. Más abajo de la Puerta, recibe de la izquierda el arroyo del Vallecito y pasa por Pintos de Arriba y Pintos de Abajo, uniéndose al N.O. cerca de Las Playas con el río de Ávalos.

Entre el río de los Guamanes y el Pintos están las tierras de Santa Sabina y Ocombis, involucrando al río de Avalos (que en su origen se llama Santa Sabina y al lugar denominado Quilambi que es el nombre del río de Avalos al norte de su unión con el San Gregorio). Río y Achával calculan toda la extensión que abarcan estas cuencas en 550 kilómetros cuadrados. Tal la cantidad de tierras objeto de la donación y que constituyeron el núcleo fundamental de la Estancia Jesuítica[18].

Ahora debemos considerar lo que pasó con las tierras de Polotosacate que, según expresa Vera, quedaban exceptuadas de esta donación y las tiene en «litigio con el capitán Luis Ordóñez». El donante era cuñado del referido capitán Luis Ordóñez.

A la muerte de doña Juana de Bustamante —madre de Francisco de Vera—, ese capitán ya estaba casado con la hermana de éste, doña Teresa de Vera, y muy pronto se produjeron diferencias por los bienes heredados entablándose un largo pleito entre el general Francisco de Vera y su cuñado, y con doña Lorenza de la Cámara, viuda de Manuel Márquez Correa de Saa. También en este pleito don Luis Ordóñez representaba a Sor Felipa de la Encarnación, religiosa profesa del convento de Santa Catalina de Sena (y es aludido como heredero de la misma en la sentencia) e hija de Márquez Correa (posiblemente) [19].

---

[18] Río y Achával: *Geografía de Córdoba*, t. I, p. 134 ss.
[19] A.H.C., Escr. 2ª, Leg. 5, Exp. 16.

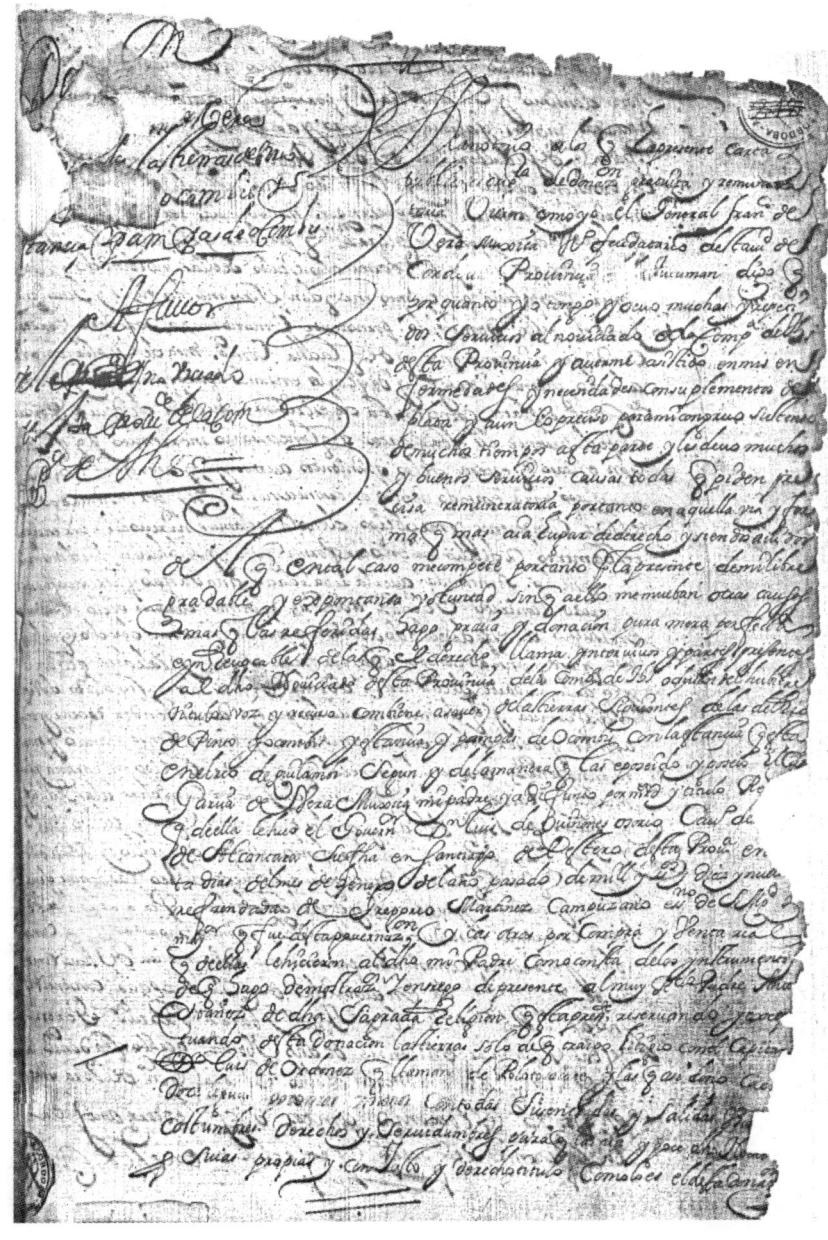

Primera página de la donación del general Francico de Vera Mujica a la Compañía de Jesús (Registro 1, 1683, tomo 78, f. 213).

Codicilio del capitán García de Vera Mujica, vecino encomendero. Córdoba, 28 de mayo de 1646 (Registro 1, 1645/6, tomo 55, f. 214).

El meollo del pleito es la posesión y señorío de las tierras de Polotosacate. Alegando Ordóñez que pertenecen a sus partes como herederos de Pantaleón Márquez y de doña Juana de Bustamante, de quienes fueron herederos Antonio y Manuel Márquez y sus hijos, afirma que el General (Francisco de Vera y Mujica) «ha avasallado a sus hermanas, a sus hijos (los de Ordóñez) y sobrinos apoderándose de todos los bienes de su madre (doña Juana) sin respetar testamento»[20].

Vera alegó que le correspondían todas las tierras y las enumera, a saber: Polotosacate, Quilambi, río de Pintos, Rincón de Ocombis, potreros de La Candelaria, de Achala, sobre las sierras de Ayampitín; puesto que todo ello le fue adjudicado por los partidores y tasadores: el sargento mayor Pedro de Ledesma, Mateo de Matos Nerón y Hernando de Arroyo. Hace aclaración en la parte de su madre al morir don García que fueron las casas y tierras de Polotosacate y una merced junto a ellas que es Quilambi y que ello se le dio en iguala de la que sus hermanas habían recibido —a quienes se les dieron trece mil pesos— y la merced de Quilambi se había tasado en mil[21].

Lo cierto es que la sentencia dictada el 5 de julio de 1684 por el capitán Juan de Liendo, alférez real en propiedad de la Ciudad, «usando el oficio de Alcalde Ordinario por ausencia del electo, en las casas de su morada ante los testigos Miguel de Echavarría, Martín de Liendo y Cristóbal de Heredia; ante el escribano de Su Magestad Antonio Quijano de Velasco», rechazó la demanda del capitán Luis Ordóñez y compartes, declarando «pertenecer dichas tierras y estancias de Polotosacate, Quilambi y demás conjuntas, sobre que ha sido litigio, por bienes de dicho general Francisco de Vera Mujica y por verdadero dueño de ellas amparándole como le ampara en la propiedad, posesión dominio y señorío que hasta aquí ha tenido...»[22].

---

[20] A.H.C., Escr. 2ª, Leg. 5, Exp. 14 bis, Fº 87.

[21] A.H.C., Escr. 2ª, Leg. 5, Exp. 10.

[22] A.H.C., Escr. 2ª, Leg. 5, Exp. 16, Fº 514 a 516 vto.

De esta sentencia pidió copia el Padre Antonio Ibáñez de la Compañía de Jesús y procurador general de la misma en estas Provincias y se le expidió el 27 de julio de 1684.

Vera donó a la Compañía Polotosacate el 23 de febrero de 1684. También se extendía la donación a favor de la Compañía a las tierras que fueron excluidas en la primitiva escritura de donación ya comentada, esto es, a todas las tierras que por propio derecho y por herencia tenía el general don Francisco de Vera.

Quedaba así completada la extensión del dominio de la Estancia Jesuítica: desde Soto hasta la Merced de San Antonio en la Sierra de Achala.

Con lo que hemos relatado podemos tener una idea exacta del enorme dominio de los Padres recibido del general Francisco de Vera. Porque al concluir el pleito con Ordóñez, los campos que se reconocieron como propiedad de Vera y que pasaron enseguida a la Compañía son los comprendidos entre el río de los Guamanes (o de la Candelaria) y la cuenca del río de San Guillermo y luego río de Soto, por cuanto en virtud de la merced de 1625 la extensión que se otorgara originariamente a García de Vera desde Guamanes al oeste abarcaba dos leguas: la primera legua tenía el término en el cerro Pan de Azúcar «de la sierra de San Guillermo» y desde allí debía extenderse la merced una legua más hacia el oeste, es decir hasta lindar con la merced del Sauce y dar con tierras de Ledesma (datos de la mensura de Medina de 1754)[23].

Hacia el este abarcaba las cuencas de los ríos Pintos y Quilambi; esta parte desde el río Pintos al río de Santa Sabina y Avalos fue calculada por Río y Achával —como ya hemos dicho— en 550 kilómetros cuadrados. Todo un enorme feudo.

Como estamos analizando la "donación", es importante hacer algunas reflexiones sobre las relaciones de Vera con los Padres Jesuitas.

Primeramente analicemos el texto de la donación: «...por cuanto yo tengo y debo muchos y repetidos servicios al Noviciado de la Compañía de Jesús de esta Provincia y haberme asistido en mis en-

---

[23] A.H.C., Escr. 2ª, Leg. 48, Exp. 8.

fermedades y necesidades con suplementos de plata y aún lo preciso para mi congruo sustento de muchos y buenos servicios causas todas que piden precisa remuneratoria, por tanto en aquella vía y forma que más aya lugar a derecho y siendo avidos del que en tal caso me compete por tanto por la presente de mi libre agradable y espontánea voluntad sin que a ello me muevan otras causas más que las referidas hago gracia y donación puramente perfecta e irrevocable de las que el derecho llama intervivos y partes presentes...». Funda su voluntad de donante en servicios recibidos de la Compañía, y esto es ratificado en la "Insinuación" que el padre Antonio Ibáñez de la Compañía de Jesús y su Procurador General produjo ante el teniente general de la ciudad de Córdoba maestre de campo Juan de Perochena el 26 de agosto de 1683 al expresar que la donación fue «intervivos y remuneratoria al *Noviciado*»[24].

A los sesenta y cinco años Vera se sentía anciano y enfermo, por sus achaques ya no podía hacer el camino de la Sierra, visitar y vigilar sus posesiones. Sin heredero legítimo, pareciera querer irse desprendiendo de los bienes terrenales. Vera en 1669 recorría sus tierras ya en compañía de los Jesuitas y dejaba en ellas representante juntamente con los religiosos.

Estos ya tenían en su poder, entre otras, las tierras de Santa Catalina, desde agosto de 1622, y en 1678 Vera les había donado las tierras de la junta de los ríos Pintos y Quilambi cuya administración anexaron a Santa Catalina los Padres; quienes, por boca del padre Ibáñez pidieron merced al gobernador D. Fernando de Mendoza Mate de Luna en 1683 de «las sobras que se hallan entre las Estancias de río Pintos, Ocombis y Quilambi»[25].

Su vinculación con la Compañía fue constante. El 15 de julio de 1664, siendo Francisco de Vera teniente de gobernador, firma un informe relatando su intervención en un caso que afecta a la Compañía; el mismo está dirigido a la Real Audiencia y por cierto es totalmente de cooperación, apoyo y encomio a la Compañía[26].

---

[24] A.H.C., Reg. 1, fs. 213 a 214 vto., 1683, Escr. Quijano de Velasco.
[25] A.H.C., Escr. 1ª, Leg. 563, Exp. 1, 1878 y Escr. 2ª, Leg. 5, Exp. 6, 1683.
[26] Joaquín Gracia: *Los Jesuitas en Córdoba*. Buenos Aires, 1940, p. 728.

La amistad familiar con algunos de los padres, especialmente con el padre Ibáñez puede apreciarse a través de lo que se dice en el expediente del pleito de Vera con Luis de Ordóñez, donde éste hacía hincapié en el entrometimiento del padre Ibáñez al tratar de convencer a la hermana de Vera para que dejara el pleito por las tierras. Esta vinculación tan estrecha explica los mutuos reconocimientos que se debían Vera y los Padres y la referencia concreta en la escritura y en la "insinuación" al carácter *retributivo* de la donación. Vera —como era notorio— no contrajo matrimonio y careció de sucesión legítima [27].

Examinada la mensura de la estancia de Ávalos, encontramos una copia autorizada del año 1775 referente a las tierras de Quilambi, Ocombis, río Pintos, Junta y Polotosacate, de la estancia de Santa Catalina, donde encontramos esenciales antecedentes de la relación del general Vera y Mujica con la Compañía.

En 1683 Vera había ya donado a la Compañía las tierras de Pintos, que había asegurado para sí en 1679, al pedir amparo al maestre de campo Martín de Garayar, teniente general y justicia mayor de la provincia de Tucumán, quien dio comisión a Ignacio de Cárdenas. El oficial comisionado dejó en posesión de todo al dicho Martín de Vera Mujica (hijo natural de Vera) el cual fue con facultad suya y la del dicho su padre y con su orden dejó las tierras a Bernabé Barrera con indios y negros, «que son criados de los Reverendísimos Padres de la Compañía de Jesús con ganados de vacas, mulas y yeguas de dichos padres para asistir y poseer las dichas tierras con licencia y facultad de los dichos, general Francisco de Vera Mujica y Martín de Vera su hijo, a 23 de noviembre de 1679 años»; está la firma de Martín de Vera y un testigo que firma "Baltashar de Vera". Este es un documento importante, revela la existencia de ese hijo del General y además atestigua la vinculación de antigua data del General con los Jesuitas.

Los títulos de Vera a estas tierras del Naciente fueron debidamente esclarecidos en el pleito que tuvo por la posesión de las

---

[27] A.H.C., Escr. 2ª, Leg. 5, Exp. 14 bis.

mismas, y su transferencia a los Jesuitas puede reconstruirse perfectamente a través del documento glosado. La Compañía incorporó estas tierras a la estancia de Santa Catalina, pese a que se integraban con las enormes extensiones constitutivas de "La Candelaria".

Los títulos del general Francisco de Vera sobre las tierras de Pintos, Ocombis, Quilambi y Polotosacate, tienen el siguiente origen: el capitán García de Vera compró a don Juan de Figueroa, quien a su vez las compró a Antonio García de Aguirre que las había adquirido de doña Sabina de Soria, mujer que fue del capitán Pedro de Arballo, por escritura del 3 de julio de 1643, labrada por el escribano Juan Albarracín; en ese mismo año Aguirre las pasó a Figueroa y éste se las vendió a García de Vera el 10 de noviembre de 1643.

En el año 1680 el maestre de campo don Francisco Fernández Pizarro inició pleito contra el general don Francisco de Vera por la presunta ocupación que de sus tierras habría hecho éste, agregando a su acción los títulos probatorios. Según éstos, esas tierras presuntamente ocupadas, llamadas Lemin Butos ("casa de pescado", en lengua vernácula) fueron de Gabriel García de Frías en el año 1600. Estas tierras según el acta de posesión se ubicaban junto a la sierra llamaba Biliscaya como a dos leguas del pueblo de Quilpo y a tres de la estancia de La Punilla; en otra acta de 1633 se determina la posesión de todas las tierras del pueblo de Quilpo lindante con el pueblo de Sinso. A estas afirmaciones responde Vera negando que ocupara esas tierras, que nada tienen que ver con las suyas: «Mi potrero y tierras de mi posesión, están fuera de la legua y media que debe medirse de término fijo cierto y conocido y no del paraje por término vago, y confuso, ni más abajo o más arriba del pueblo de Quilpo». Sostiene que su potrero no tiene nada que ver con las tierras de Lemin Butos (casa de pescado), y que ya anteriormente se había definido el caso contra don Juan de Heredia, hijo del capitán Juan de Heredia, que se había entrado en su potrero.

Seguidamente expone cuál es su título sobre las tierras de Quilambi y Ayampitín que constituyeron la merced que el gobernador Quiñones Osorio hizo al capitán don Pedro Arballo de Bustamante en 1615, a saber: «...un pedazo de tierra en un arroyo que está entre un río que pasa media legua poco más o menos del pueblo de Ayampitín y otro río en que está la estancia de Quilambe; y otro pedazo de tierra en la junta que hace el río de la estancia de Quilambe con el río que pasa a media legua del pueblo de Ayampitín. Se ubica en el camino que va de Ayampitín a Quilambe expresando que cruza el arroyo que está entre el río distante media legua de Ayampitín y el otro río llamado de Quilambe». El capitán Arballo de Bustamante tomó posesión de estas tierras el 18 de noviembre de 1617, y muerto él, su viuda doña Sabina de Soria las vendió a don Antonio García de Aguirre en junio de 1643; al mes siguiente traspasó a Figueroa la parcela llamada "del Arroyo", «dos leguas arriba y dos leguas abajo, y de ancho, por la banda del pueblo de Ayampitín hasta el río distante una legua y para el costado de Quilambe media legua de ancho».

Don Juan de Figueroa vendió al capitán García de Vera la misma tierra en noviembre de 1643. La otra mitad, o sea las tierras de la junta de los ríos, que hace el río Quilambe con el otro que pasa a media legua del pueblo de Ayampitín, se la vendió Antonio de Aguirre a Vera el 14 de diciembre de 1646. En noviembre Vera tomó posesión de la junta de los dos ríos "Quilambi y Ayampitín". Se dejó constancia de que Juan de Heredia, que estaba al servicio de don Bernabé de Salinas, ocupaba con indios, cabalgaduras, ganados y corrales las mismas y se le notificó que debía salir de ellas, deshaciendo ranchos y corrales dentro del tercer día. Vera obtuvo amparo en su posesión del gobernador Nestares Aguado con fecha 4 de noviembre de 1653; al hacerlo expresaba que con su ausencia, «por haber ido con gente de guerra para la nueva conquista del Valle Calchaquí, personas maliciosas se metieron en mis tierras», y pide el lanzamiento en virtud de aquel amparo. En julio de 1675 el maestre de campo Martín de Garayar, teniente general y justicia mayor de la Provincia, ordena que se guarde el mandamiento de amparo de Nestares y da comisión al capitán Antonio Gutiérrez para hacerlo efectivo; en noviembre Gutiérrez se constituyó en las tierras y comprobó no haber gente en ellas y sí sólo yeguas con mulas del capitán Pedro Ladrón de Guevara, «las quales hizo correr».

En noviembre de 1679, Francisco de Vera reiteró (como se ha dicho) su petición de amparo y pidió se comisionara a Gutiérrez —por estar él impedido de ir «porque soy hombre grueso y lisiado y viejo»— a su estancia de Quilambi. Fue comisionado Ignacio de Cárdenas quien amparó al general Vera «y en su nombre a Martín de Vera Mujica, su hijo».

El litigio que Vera tuvo con su lindero el capitán don Francisco Fernández Pizarro, propietario de las tierras del paraje de Lemimbutos, nos aclara los límites de estas tierras y quiénes fueron sus antiguos propietarios. Encontramos en primer término a Gabriel García de Frías que recibiera esas tierras por merced del gobernador don Luis de Quiñones Osorio. Fue su heredera en ellas su hija doña Mariana de Frías y Villalba, casada con el capitán don Juan de Heredia. Doña Mariana de Frías vendió sus derechos al capitán Manuel Correa de Saa (hermano por parte de madre de Francisco de Vera); la mujer de Correa de Saa, doña Lorenza Cortés de Cámara las vendió a Fernández Pizarro. A este título debe agregarse el de una "suerte de tierras" que el presbítero Antonio Luján de Medina compró en 1675 al bachiller Juan de Bustamante y a su hermano Gerónimo y que se ubicaran en la junta de los ríos «para arriba y para abajo solamente dos leguas, y media de ancho que se extiende a la otra banda del dicho río hacia la parte donde cae el *Pueblo de Olayón*, del capitán Blas de Peralta». Luján le vendió esta tierra al capitán Pedro Ladrón de Guevara en 1678. De tal manera las tierras de Fernández Pizarro se individualizan perfectamente, y el general Vera demuestra que las mismas nada tienen que ver con sus potreros. Este último título lo aclara Vera al expresar que «ésta tierra es la que está por bajo de Quilpo y Sigiman, río abajo, a más de tres leguas distante del dicho mi potrero, las quales tierras pertenecen a otro título». Y estaba Vera en su razón: el pleito terminó a su favor el 7 de junio de 1680 con el fallo de alférez real capitán Juan de Liendo. Fernández Pizarro apeló esta sentencia.

En el expediente que estamos glosando [28] aparece un documento de interés para el esclarecimiento de los títulos de toda esa región del naciente de La Candelaria: el padre Mateo Romero, procurador general de la Compañía de Jesús en esta Provincia, copió el viejo título que le llevó Pizarro, y en virtud del cual éste alegaba derechos en los potreros donde se invernaban ese año las crías de mulas de la Compañía, y que habían sido dados en pastaje por el general Vera. El padre Romero le envió esa copia a Vera con su advertencia de que existían palabras raspadas y sobrescritas en el original de Fernández Pizarro.

Se trataba de la merced otorgada por Quiñones Osorio a García de Frías que rezaba «las tierras llamadas en lengua de los naturales Lemimbutos, en lengua de Castilla: casa de pescado; a tres leguas de la Estancia de la Punilla, y de otras tierras que son las del "paraje" de Quilpo, legua y media de tierra más o menos de largo y otro tanto de ancho, que lindan con el Pueblo viejo de Sinso, y que fueron tierras y algarrobal del Cacique Cacho Charaba de la Punilla, ya difunto».

La merced data de 1612. Ese escrito fue ratificado ante el teniente general de gobernador y justicia mayor Martín de Garayar el 1º de agosto de 1680. La decisión de segunda instancia fue favorable también al general Vera, por quedar probado que las tierras del mismo no eran las contenidas en la expresada merced». El 24 de abril de 1678 Vera había otorgado *escritura de donación* de las tierras de la junta del río Quilambi y el que pasa por Ayampitín, a favor del Noviciado del Colegio de la Compañía de Jesús, en la *Estancia de Santa Catalina*, y en su nombre al reverendo padre Mateo Romero, procurador general de las provincias de Paraguay, Río de la Plata y Tucumán, a cuyo cargo estaban los bienes del Noviciado. En esa escritura declara el donante no tener hijos legítimos; y se constituye en tenedor y poseedor. La escritura pasó ante el escribano Tomás de Salas y se firmó «en esa Estancia de Ascochinga el 28 de abril de 1678». Esto explicaría por qué esas tierras denominadas "Potrero de Ávalos" fueron incorporadas al

---

[28] A.H.C., Escr. 1ª, Leg. 563, Exp. 1, 1878. Mensura de Ávalos.

patrimonio de la estancia de Santa Catalina y con sus bienes fueron subastadas por la Junta de Temporalidades adquiriéndolas, junto con los demás bienes de Santa Catalina, el capitán Francisco Antonio Díaz.

En el referido expediente encontramos copia de la escritura de donación de las tierras de río Pintos y Ocombis, y estancias y pampas de Ocombis con la estancia que está en el río Quilambi; que son las que poseyera su padre, el capitán don García, exceptuando en el acto «solo las del litigio con el capitán Luis de Ordóñez, que llaman de Polotosacate». Este documento de 1683, es el que ya hemos analizado anteriormente y cuyo texto presentara el padre Ibáñez en el juicio contra Ordóñez, que fuera ganado por Vera, como ya se ha visto.

Fue el padre Ibáñez quien recibió la posesión de esas tierras en el Pueblo viejo de Quilambi el 2 de setiembre de 1683 del capitán Francisco López del Barco comisionado a ese efecto por el teniente general Perochena. Al hacerlo se describe el lugar que «tiene un ojo de agua y caseríos de indios (en que parece hubo pueblo) y un algarrobo y un montón de piedras sobre un cerro a poca distancia, para mojón de ellas (las tierras) a media legua del Río de Quilambi»; en el acto se aclaró que la posesión que se otorgaba comprendía las tierras de Ocombis, río arriba de Quilambi, con todo el «rincón de Ocombis» pegado a dichas tierras. Ese mismo día se labró el acta de toma de posesión de las tierras y potrero del río Pintos, que son: «de dos leguas río abajo de Pinto y otras dos río arriba, con más otro pedazo de tierras en la junta que hace el río Quilambi con el dicho Río Pinto, empezando a correr desde la dicha junta de los dichos ríos».

El 23 de febrero de 1684, el general Vera otorgó escritura de donación de las *tierras de Polotosacate* a la Compañía, firmando el padre Ibáñez ante el escribano Antonio Quijano de Velasco.

El 16 de julio el padre Ibáñez recibió posesión judicial en la estancia de Polotosacate «donde está la población antigua de casas y corrales que tiene un indio llamado Valeriano». Esas tierras estaban pobladas con los indios del general Vera, y se mandó a dicho indio Valeriano que reconociese por verdadero dueño de ellas, a nombre del Noviciado, al padre Ibáñez. El oficial real que intervino fue Pedro García Bautista.

El padre Ignacio de Arteaga, procurador de la Compañía, firmó el 4 de diciembre de 1694 —diez años después de la donación— con el capitán Pedro Ladrón de Guevara, una transacción que ponía fin al estado litigioso prolongado en esas tierras. Ladrón de Guevara renunciaba a los derechos que pudiera tener sobre las tierras de las mercedes de la junta del Quilambi y el Pintos, y que esgrimía fundado en la escritura de venta que le fuera otorgada por el bachiller José de Bustamante y sus hermanos Gerónimo de Bustamante, Ignacio de Bustamante y Juan Arballo de Bustamante, hijos todos del capitán Pedro Arballo y de doña Sabina de Soria; acto que se hizo en 1665. Esta escritura producía confusión con el acto por el cual la señora Sabina de Soria, siendo viuda, había vendido a Antonio García de Aguirre en 1643 y éste a don Juan de Figueroa, de quien las hubo Vera Mujica.

El 29 de enero de 1695 el padre Arteaga recibía posesión en la junta de los ríos «a media legua del pueblo de Ayampitín, que ahora llaman de Pintos; de manos del capitán D. Juan Correa de Lemos, Juez Comisario».

Las sobras de las estancias de Pintos, Ocombis y Quilambi, que fueran solicitadas por el padre Ibáñez al gobernador don Fernando de Mendoza Mate de Luna y otorgadas por éste en San Felipe de Lerma en noviembre de 1683 al Noviciado, completaron los títulos de la Compañía en esa región.

Con los títulos el padre Ibáñez se constituyó el 19 de julio de 1684 a tres cuartos de legua del puesto del indio Valeriano «a vista del río que sale del Potrero de La Candelaria, lindero de la Estancia de Polotosacate, Quilambi y Río Pinto» y recibió posesión judicial. Exhibido el título y reconocido se dejó aclarado que dichas sobras de tierras son hasta lindar por el poniente con el Potrero de Soto; hacia el norte con Siguimán (que posee Pedro de Guevara); en contorno hasta llegar a las Juntas y demás inclusas en dicha merced, corriendo a tierras que llaman de San Marcos, y por la parte del este hasta dar con tierras del Valle de la Punilla. La Compañía pagó la media anata en abril de 1684, sobre los 400 pesos en que fueron evaluadas las dichas sobras de tierras.

Quedaba así terminado un largo negocio donde los litigios habían consumido mucho papel y tinta. La habilidad de este Procurador que hacía legalizar las posesiones de la Compañía con la decisión de la autoridad real del gobernador Mendoza Mate de Luna, dejaba completa en posesión de los Padres la enorme extensión con centro en La Candelaria, que constituyó una de las estancias modelo que éstos explotaron en nuestra provincia.

En el expediente que he glosado [29] consta que todos esos documentos son copias de los originales exhibidos por el padre Antonio Miranda de la Compañía de Jesús y existentes en el Colegio Máximo, de donde las sacó el 17 de agosto de 1755 el escribano público Antonio de Matos de Azevedo.

Coinciden con los otros expedientes consultados y referidos en este trabajo estudiados en el Archivo Histórico de Córdoba[30].

---

[29] A.H.C., Escr. de Hip. 1878, Leg. 406, Exp. 1.
[30] A.H.C., Escr. 2ª, Leg. 5, Exp. 6, 1683.

La consolidación de los límites

EL 25 de agosto de 1683 compareció ante el escribano Antonio Caigan Velazco el General Francisco de Vera Mujica a fin de otorgar pública escritura de donación «gratuita remuneratoria a favor del Noviciado de esta Provincia de la Compañía de Jesús de las siguientes tierras: las del río de Pintos y Ocombis y estancia y pampas de Ocombis, con la estancia que está en el río de Quilambi; según y manera que las he poseído y poseyó el capitán García de Vera Mujica, mi padre ya difunto por merced y título real que de ella le hizo el gobernador Dn. Luis de Quiñones Osorio, cavallero de la orden de Alcántara, de fecha en Santiago del Estero desta Provincia en treinta días del mes de enero pasado de mil seiscientos diez y nueve, refrendada de Gregorio Martínez Campuzano escribano de Su Magestad que fue desta Gobernación, y las otras por compra y venta real que de ellas le hicieron al dicho mi padre como consta de los instrumentos de que hago demostración de presente al muy reverendo padre Antonio Ibáñez de dicha sagrada religión que está presente, reservando y exceptuando desta donación las tierras solo de que traigo litigio con el capitán don Luis de Ordóñez que llaman Polotosacate y las que así de no caer doce leguas poco más o menos con todas sus entradas y salidas usos y costumbres, derechos y servidumbres...»[31]. Éste es el instrumento original de donación donde vemos que para nada se nombran los potreros de La Candelaria. Terminado el pleito entre el general Vera y su cuñado don

---

[31] A.H.C., Reg. 1, F° 213 a 214 vto., 1683. Escr. Quijano de Velasco.

Luis de Ordóñez, la sentencia le fue favorable a Vera y le reconoció la propiedad de «Polotosacate y demás inclusas» estando fechada la misma en 5 de julio de 1684. Con esta sentencia el padre Ibáñez «tuvo aprehendida la posesión real y judicial de ellas» involucrando la donación «estancia de Polotosacate, Quilambi, Río de Pinto, Rincón de Ocombis, Potreros de La Candelaria, de Achala y sobras de las sierras de Ayampitín...».

Las tierras de La Candelaria estaban incluidas en la merced que el adelantado Vera y Zárate hiciera al capitán García de Vera en 1626 y que se determinaron desde la estancia del río Guamanes hasta el cerro de Achala. Esta estancia del río Guamanes es la que llamóse luego "de La Candelaria", nombre impuesto por el capitán García de Vera.

Luego de la sentencia citada, los Jesuitas empezaron a consolidar sus dominios en esa zona de la Sierra Grande, avanzando hacia el norte desde sus posesiones ya adquiridas en el sur, comunicando la estancia de Alta Gracia (al pie de la Sierra Chica) con la estancia de San Antonio, extendida desde el naciente hacia el poniente y norte subiendo por la Sierra Grande hasta el macizo de Achala y las tierras de Taruca-Pampa y potrero de Nieto al suroeste, uniéndose de tal manera el dominio con estas tierras de la donación de Vera.

La diligencia de los Padres bien pronto dejó aclarados los límites de esa enorme extensión. A través de los instrumentos consultados hemos podido reconstruir los arreglos que los Padres fueron consolidando con los colindantes para dejar bien en claro su dominio.

Al suroeste hicieron en 1689 un arreglo con el sargento mayor don Francisco de Ledesma, en virtud del cual dejaron fijado el límite con la estancia de los "Dos Ríos", entregando a cambio a Ledesma las tierras de Río Hondo que lindaban con Salsacate y pertenecían a la Compañía por compra efectuada a Salguero de Cabrera. Ledesma quedó con la extensión de los "Dos Ríos" hacia el poniente del macizo de Achala. Siempre en el límite oeste, los Padres hicieron arreglo con los herederos de Nicolás Aguirre el 20 de noviembre de 1766, concretamente con el capitán Manuel

Barrera. Intervino el padre José Rodríguez como administrador de La Candelaria, siendo el rector del Colegio el padre Quirini. Así el límite con las tierras de "Piedra Blanca" quedó deslindado hacia el sur del arroyo Cruz de Caña y de la población de Piedra Blanca, como de los Padres, y hacia el norte, de Barrera. Por el norte los límites se establecieron hasta las posesiones de los indios de Soto. Por el sur tuvieron los padres pleito con el deán Diego de Salguero, con quien discutieron largamente por los límites de las tierras de San Antonio, posesión que los Padres compraron al Dr. Diego Salguero de Cabrera —cura rector provisor y vicario general del Obispado y comisario del Santo Oficio— por escritura pasada ante el alcalde ordinario don Antonio de las Casas el 24 de noviembre de 1685. Este litigio fue ganado por los Padres [32].

También por esos años —1683— aclaró la Compañía sus límites y posesiones al naciente, y consta que el 2 de setiembre de 1683 el capitán Francisco López del Barco puso en posesión al padre Ibáñez de todas las tierras que fueron de Pedro Arballo de Bustamante, constando de 2 leguas río abajo de Pinto y 2 leguas río arriba con la correspondiente a la junta de los ríos Quilambi y Pinto (río Ayampitín); con una legua de ancho medida a cada banda; quedando desde la junta hacia la parte de la sierra río arriba las tierras de Quilambi, Rincón de Ocombis y sus pampas hasta encontrar el río de los Guamanes. Asimismo el funcionario comisionado entregó la merced de sobras concedida a los Padres por el gobernador Mendoza.

Como ya lo hemos relatado, Vera había pleiteado en 1675 con Fernández Pizarro, suegro de Pedro Ladrón de Guevara que alegaba el dominio de Pinto, por merced que le hiciera el gobernador don Quiñones Osorio a García Frías en 1612. Vera presentó al juicio los títulos de la merced dada a Pedro Arballo de Bustamante y los de compra. Este pleito fue ganado por Vera.

Otro litigio fue con Guevara por la misma tierra de la merced de la Junta de Pinto; viejos títulos coincidentes fueron objeto de transacción entre la Compañía y Guevara. Estas tierras compren-

---

[32] A.H.C., Escr. 2ª, Leg. 26, Exp. 3, 1756.

dían el potrero y estancia de Avalos incorporados a los títulos de Santa Catalina (constaba de cuatro leguas cuadradas y fue tasado en doce mil pesos en 1768 por la Junta de Temporalidades); lo compró don Francisco Antonio Díaz, que adquiriere también Santa Catalina y las Caballadas de Ávalos[33].

Por el sur naciente los Padres colindaban con el río Yuspi y las tierras de Juan Liendo, Andrés Toranzo y el doctor Salguero (dueño de la estancia San Roque en el valle de Quizquisacate). El famoso pleito de 1754 entre los Padres y el maestro don Gerónimo Salguero de Cabrera, clérigo presbítero, sobrino del deán don Diego de Salguero Cabrera (que fue quien vendió San Antonio y las tierras de Río Hondo y El Sauce a los Jesuitas en 1685 celebrando contrato con el P. Francisco Ortiz, procurador a la sazón del Colegio Máximo), esclareció definitivamente esos límites que luego de muchas operaciones y peritajes fue resuelto a favor de los Jesuitas.

Al naciente los límites de La Candelaria se determinaron de acuerdo a la que ya hemos expresado —hasta la Piedra Parada[34]—, cercana al río Yuspi; del otro lado del río estaban las tierras de San Roque pertenecientes a los Salguero.

El padre Antonio del Castillo, procurador del Colegio, pidió la intervención judicial para que se revisaran los límites de la estancia de San Antonio «por haberse introducido algunos en las tierras de dicha estancia» y el alcalde de segundo voto don Juan Antonio de la Bárzena designó el 9 de octubre 1754 al señor capitán don Francisco de Medina para el deslinde, en el pleito entre la Compañía y el licenciado don Gerónimo Salguero[35].

De los antecedentes de este juicio concluimos que al sur los límites están dados por el río Yuspi, en la parte naciente; hacia el poniente quedaba limitada por los "Dos Ríos", pero en la zona media la Compañía colindaba con las tierras de la merced de Achala (título que fundaban: por una parte en la donación del general Vera que involucraba las tierras que el padre de éste había

---

[33] Exp. de Mensura de Ávalos.
[34] Verificación de don José de Elías. A.H.C.
[35] A.H.C., Escr. 2ª, Leg. 26, Exp. 3, 1756.

recibido en merced del gobernador Vera y Zárate; y por otra, en la merced concedida por el gobernador don Ángel de Peredo otorgada en Santiago del Estero el 17 de mayo de 1674, proveyendo al pedido del padre Antonio Ibáñez, procurador general de la Compañía). Las tierras así absorbidas por la Compañía se sumaron a las que fueron de Juan Nieto de Herrera, comprendiendo el Pantano y el potrero de Nieto, lugares «por donde pasa una senda que sirve de camino para bajar a los pueblos del Valle de Nono»[36].

De estas tierras agregadas a los fundos de la Compañía, deben excluirse expresamente —al menos en esos años de 1671— las tierras llamadas: Potrero de Achala, Caragüasi y Taruca-Pampa, situadas al poniente del cerro Los Gigantes, lindando: al sur con el «Potrero de los Padres; al norte con el llamado Potrero de Quevedo y por el poniente con Musi y Ambul y por el oriente mira y linda con la Sierra Grande que llaman Achala».

Esas tierras fueron dadas en merced por el gobernador don Ángel de Peredo en noviembre de 1671 a don Gregorio Diez Gómez, vecino feudatario de Córdoba, quien tomó posesión de ellas en Taruca Pampa el 10 de noviembre de 1672[37].

También debe considerarse el arreglo hecho por la Compañía con la viuda del alférez Juan de Quevedo, respecto a los límites de la estancia de "Santa Gertrudis" con tierras de los Padres. La transacción fue formalizada por doña Juana Rodríguez Navarro, viuda del alférez don Juan de Quevedo, y el padre Benito Caldevilla, como procurador del Colegio de la Compañía (siendo rector del mismo el P. Lauro Núñez), en el pleito por cuestiones de límites y posesiones de las tierras de La Candelaria contiguas al «potrero de Santa Gertrudis» pertenecientes al alférez real don José de Quevedo, el 2 de junio de 1694; la misma se formalizó por escritura pública en Córdoba el 24 de noviembre de 1695 ante el escribano público y de cabildo Luis Izquierdo de Guadalupe[38].

---

[36] A.H.C., Escr. 2ª, Leg. 2, Exp. 18.
[37] A.H.C., Escr. 2ª, Leg. 2, Exp. 16, 1664-74.
[38] A.H.C., Reg. 1, Fº 291, 1695.

El litigio había sido originado con motivo de que don Francisco de Quevedo había hecho quemar unos ranchos levantados para que habitasen los pastores de los ganados de dicha hacienda (Candelaria). El Padre Procurador en ese entonces, Policarpo Rufo, hizo denuncia del hecho. Así siguió el pleito presentando la Compañía ante el juez de la causa un título dado por el gobernador don Juan Alonso de Vera y Zárate al capitán García de Vera Mujica; otro título de merced hecha por el nombrado Gobernador al dicho García de Vera Mujica para su hijo Francisco de Vera, y otro de la merced hecha por el gobernador don Miguel de Sesse a Francisco de Vera corroborando lo hecho por el gobernador don Francisco de Avendaño. Asimismo presentó el Padre la donación hecha por Francisco de Vera de todas las tierras al dicho Colegio.

La viuda de Quevedo presentó un documento de "restitución" que la autoridad real hiciera a favor del alférez real José de Quevedo con motivo de la cuestión judicial que hiciera don Francisco de Vera en 1643 al mismo, con motivo de otros ranchos quemados en esa misma zona.

Con tal motivo se ordenó mensura de las tierras de La Candelaria con fecha 17 de enero de 1695 siendo el juez *a quo* don Cristóbal de Oscaris, quien llevó a cabo el cometido partiendo desde Polotosacate (llamado Quilambe) y midió, con rumbo al poniente, al río de Soto; resultó la medición de doscientas cuarenta y una cuerdas de a cincuenta varas y tomando de esta línea magistral rumbo al sur fue a medir otras doscientas cuarenta y una cuerdas, dando así el circuito largo, ancho y contorno (con referencia al título dado por el adelantado Vera y Zárate en 1622).

El título de 1626 dado por el mismo adelantado Vera, se midió comenzando desde la boca del río de los Guamanes hasta el cerro de Achala hacia el sur; hizo allí Oscaris las operaciones y procedió a una segunda mensura (según los títulos) de la merced de una legua a cada banda desde la boca del río Guamanes hasta el cerro de Achala. Medido este título, tirando hacia el norte, se dio con «una gran aspereza que linda con tierras de Olaén y comienza la *sierra de Ocombis*».

Finalmente Oscaris dio posesión al Padre Procurador de todas estas tierras, notificándose a doña Juana, quien protestó la mensura y apeló del auto por ante el maestre de campo don Juan de Perochena.

En la transacción siguen diciendo las partes, doña Juana y el padre procurador Caldevilla, «que han convenido terminar el pleito y concertar un acuerdo en virtud del cual doña Juana por sí y por sus hijas menores (de las cuales era curadora *ad litem*) renuncia y traspasa a la Compañía todos los derechos de posesión y propiedad, títulos y recursos y acciones que han tenido y tienen sobre el dicho "potrero de Santa Gertrudis"» haciendo entregamiento real de ellos al padre procurador Benito Caldevilla, declarando que «sea dicho Potrero del dicho Colegio con todas sus entradas y salidas, usos y costumbres, derecho y servidumbres, tierras y derechos que llegan y lindan en la parte de oriente viniendo del camino de Salsacate a esta Ciudad con una cuesta y cordillera áspera, la cual cordillera mira y tiene por frente a esta sierra de Córdoba y linda por la parte de oriente con tierras que eran del alférez real José de Quevedo [39] y ahora son de sus herederos y que se llaman: Potrero de abajo, y con tierras del Maestre de Campo don Fernando Salguero, que llaman Olaén, y por la parte sur linda con un arroyo comúnmente llamado Yuspimayo, y por la parte del norte linda con el potrero de Pinto, hacienda del Noviciado de la Compañía de Jesús, y por la parte poniente con tierras que se llaman La Candelaria que son del Colegio y con el Potrero llamado La Junta de los Dos Ríos, como quien va a Salsacate, de suerte que se deba entender y se entienda que la cuesta y cordillera dicha que corre de sur a norte desde el arroyo Yuspimayo hasta el Potrero de Pinto, haya de ser y sea la que divide y deslinda las dichas tierras de los herederos del Alférez Real José de Quevedo y las dichas de Olaén del Maestre de Campo don Fernando Salguero, de las dichas tierras del Potrero de Santa Gertrudis, quedando éstas al poniente arriba en lo alto de la cumbre, y las tierras del susodicho maestre y de los herederos de Quevedo, hacia el orien-

---

[39] Escr. 1º, Leg. 144, Exp. 6. Escribano Baigorrí Salas 1671-76.

te abajo en el valle. De tal manera que las tierras que quedan arriba de la dicha cuesta o cordillera hacia el poniente, desde el Yuspimayo hasta el Potrero de Pinto (hacienda del Noviciado) pertenezcan y hayan de pertenecer al Colegio de la Compañía»[40].

Así determinó la extensión objeto de transacción; la Compañía abonó a doña Juana Rodríguez Navarro en ese acto y en compensación por las tierras, dos mil cien pesos en plata doble de patacones y tostones (patacones equivale a una onza; tostones: plata portuguesa equivale a 100 reis, reales portugueses de plata), quedando cada parte a cargo de las costas del juicio.

Río de La Candelaria.

---

[40] A.H.C., Protocolo 1695, Fº 291, Nº Inv. 89, Reg. 1.

LA CANDELARIA

Dos vistas actuales del paisaje de La Candelaria, tomando como centro las construcciones de la antigua estancia. Arriba: perspectiva desde el ángulo suroeste; abajo: vista desde el frente en dirección este-oeste.

Los límites con la estancia de Ledesma

POR escritura otorgada en Córdoba el 3 de octubre de 1689 ante el escribano público y de cabildo don Antonio de Quijano, el capitán Francisco de Ledesma, vecino feudatario de Córdoba, pactó permuta de tierras con la Compañía de Jesús, representada para el caso por el padre Héctor Tomás Dombidas (rector de la Casa y del Colegio Máximo). De acuerdo a la misma se establece que «la Compañía entrega las tierras de Río Hondo, linderas con las de Ledesma en aquellos parajes y llamadas Junta de los Dos Ríos. Esas tierras de Río Hondo hasta junto al pueblo de Salsacate, todas las que hubiere en poca o mucha cantidad al poniente y que tocan al Colegio por ser titular de ellas que por título y merced real pertenecían al maestre de campo Diego Fernández de Salguero en cuyo derecho sucedió el Colegio por compra que hizo junto con la Estancia de San Antonio al doctor don Diego Salguero de Cabrera.

«Se han de extender estas tierras desde el lindero de la Junta de los Dos Ríos que alcanzare el título de Ledesma hasta el Pueblo de Salsacate. Se entiende esta venta y cambio, reservando el Colegio para sí: las más tierras que se comprenden por la parte de Achala y Paraje de Taruca-Pampa».

«Por su parte Ledesma da en trueque las tierras que posee en dicho Potrero y Estancia de los Dos Ríos», que tiene pobladas y compró al convento de Santo Domingo; las cuales se han de entender: desde una quebrada grande viniendo de dicho potrero hasta lindar con el potrero y tierras de San Antonio, a la parte del oriente; tomando la derecera sur por la falda de la sierra de Achala, todas las tierras que allí se comprendieren; reservando las demás de la boca de la quebrada, para «allá donde tengo mis ganados». Es un poco confuso el texto de lo que permuta Ledesma [41].

Para esclarecer el verdadero límite nos quedan los títulos de los herederos de Ledesma que rezan todos: dos leguas a cada viento (pero no se sabe de dónde partir) [42].

El límite norte de las tierras de Ledesma, se consideró siempre la junta de los ríos: Grande y Guasta que forman el río San Guillermo, el cual toma al norte el nombre de río de Soto.

---

[41] A.H.C., Escr. 2ª, Leg. 7, Exp. 2, 1698.

[42] A.H.C., Reg. 1, 1745-46, Escrib. Inzurralde y Acosta y Reg. 1, 1770, Fº 344, Escrib. Martín de Arrascaeta.

Examen de las mensuras

La mensura más antigua registrada en el Archivo Histórico, según mis averiguaciones, es la del capitán don Francisco de Medina, quien la inicia en La Candelaria el 9 de diciembre de 1754 [43].

Allí se establece que el dicho capitán Medina ha sido nombrado juez en comisión para deslindar el paraje y estancia del Colegio Máximo de la Compañía de Jesús.

Este perito comienza su labor midiendo la legua de la banda poniente desde el río de los Guamanes y llega así a un mogote en forma de Pan de Azúcar (cerca de Concepción) de la sierra de San Guillermo, desde allí se dispone a medir la "legua restante" hacia el oeste, desde dicho mogote y lo hace usando como unidad la vara [44] midiendo hacia el poniente seis mil varas (o sea la legua) hasta «un arroyito seco». Pone mojón en unos peñascos rumbo «sur-sureste». Allí hizo cuadro de las dos leguas medidas desde el mojón del río de los Guamanes (ajustándose de lo medido por Oscaris Beaumont de Navarra en 1626, cuando cedió la tierra a Francisco de Vera).

En este límite encuentra la oposición de doña Antonia de Heredia, viuda de don Juan "Abrego" (Abreu), quien presenta el título de su estancia El Sauce (otorgado a don Francisco de Ledesma por el gobernador Argandoña el 22 de diciembre de 1690).

Decimos que: las dos leguas de la merced de 1626 sobre la banda poniente del Guamanes caben holgadamente hasta dar con

---

[43] A.H.C., Escr. 2ª, Leg. 48, Exp. 8.
[44] Vara de Castilla: 835 milímetros, 79 décimas.

las tierras del Sauce; así se resolvió en aquel entonces el expediente de mensura y contradicción con un informe del señor fiscal don Joseph de Elías. Y se puede verificar recorriendo el terreno en el rumbo indicado por Medina, que las dos leguas cabales dejaban a salvo las tierras del Sauce, de título posterior a los derechos del general Francisco de Vera.

Del mojón del "Arroyito Seco" volvió midiendo el capitán Medina hacia el "sur-sureste" y expresa que «corriendo la línea magistral desde el Río Guamanes al rumbo sur-sureste hasta la sierra de Achala y el lindero de la Estancia de los Dos Ríos en la parte del este, de allí midió las dos leguas que de ella le correspondían a la parte del este y encuadró al nor-noroeste por ser paralela con la magistral (y que son las de la diligencia de esta mensura —dice—) y puso un mojón en un cerro redondo en la cumbre del dicho cerro, está entre la casa donde al presente vive Gabriel Quevedo y un corral nuevo perteneciente a La Candelaria que está en el paraje de la Ciénaga, bien distante del dicho mojón la dicha casa y corral y porque *no se sabe* el término de la Estancia de los Dos Ríos, suspendí el deslinde, por parecer se hallaba el dicho mojón del cerro Redondo algo inmediato al término de la dicha estancia de los Dos Ríos cuyos linderos de la parte del oeste y norte han de ser sin deslinde para estas tierras, cada cuando que se midiera, y así lo dejó».

Tenemos que interpretar este informe de Medina con nuestros elementos actuales: desde el mojón que puso en los peñascos del "Arroyito Seco" (límite con El Sauce) Medina recorrió de sureste a suroeste hasta el puesto de la Ciénaga, donde puso el mojón del cerro Redondo. Creo que fue sobre la sierra de Gaspar (continuación norte de la cordillera de Achala). De allí siguió hacia el este directo midiendo sus dos leguas, llegaría entonces hasta Cuchilla Nevada (como que se halla justamente en la línea del río de los Guamanes). Así en la parte sur estarían contenidas las dos leguas desde el mojón en la cumbre hasta el mojón del este (que no podemos ubicar pero conjeturamos en Cuchilla Nevada).

En resumen: el capitán Medina da por cumplido su cometido de medición de dos leguas de la merced de 1626, sobre la *banda* poniente del río de los Guamanes; hace referencia a operaciones pendientes de mensura de las "sobras" de la merced de 1642 y de la medición de «la otra banda del río de Soto que se suspendió por súplica del capitán Nicolás Aguirre». En esta parte sur pone en posesión en diciembre de 1754 al padre Antonio del Castillo, procurador del Colegio Máximo de la Compañía (beneficiaria de la donación de Vera Mujica desde 1683).

En suma, según estos datos, la estancia y potreros de La Candelaria tenían en 1754 doce leguas de norte a sur, más o menos y cuatro leguas y media de este a oeste.

Vamos a verificar esto de inmediato con la mensura de 1769 ordenada por el subdelegado real luego de la expulsión (agosto de 1767), don Antonio Las Heras Canseco, y realizadas por el "perito" Lorenzo González [45].

Debe entenderse de las actas respectivas que el 2 de mayo de 1769 se procedió a la mensura de la estancia de La Candelaria «perteneciente al Colegio Máximo de Córdoba» «como medida de buena administración y recaudo por parte del Superintendente de la Junta de Temporalidades de los Jesuitas expulsos don Fernando Fabro, comandante y sargento mayor del Batallón de Infantería Antigua de Buenos Aires, Teniente del Rey de esta Ciudad de Córdoba», quien para tal misión nombró como juez en comisión a don Antonio de Las Heras Canseco.

Las operaciones las haría don Lorenzo González, *medidor de tierras* (previo juramento prestado ante el Juez de comisión). Previamente se hace un reconocimiento y vista de ojo de los linderos, porque —dice el acta de Las Heras Canseco— era dificultoso poder transitar con la cuerda los encumbrados cerros y asperezas del terreno. Además, «como se advierte que no existen documentos ni papeles que cercioren la pertenencia legítima del citado territorio se procedió a indagar por juramento a personas de la Estancia». Esto quiere decir que no se realizaron las operaciones concretas por parte del "medidor de tierras" González, y sólo se tomaron testimonios de agregados a la hacienda. Éstos afirman que la estancia tiene veinte leguas de este a oeste. Dan razón de

---

[45] A.H.C., Escr. 2ª, Leg. 46, Exp. 8.

su dicho por ser personas conocedoras y haber visto los linderos que se pusieron cuando los Padres hicieron mensura «hará siete a ocho años» (se refieren los testigos a la mensura del capitán Medina —que ya conocemos— y fue en 1754). Con tres testimonios: de José de Castro, de Agustín de Heredia y del mayordomo de La Candelaria Ramón de Avalos, el Juez da por concluida la mensura y la firma el "medidor de tierras" González.

Mensura de de Elías

Lógicamente tal operación era defectuosa y en ocasión de resolverse la venta de la Estancia por parte de la Junta de Temporalidades de 1773, ésta resolvió nombrar para la retasa y verificación de mensura como juez de comisión a don Joseph de Elías. Éste se constituyó en la estancia de La Candelaria el 5 de mayo de 1773 y procedió primeramente a revisar los títulos y documentos y no encontró indicios de los límites (revisó el pleito del Gral. D. Francisco de Vera y Mujica con su cuñado Luis Ordóñez)[46], procedió a hacer interrogar a las mismas personas que habían testimoniado en la comisión de Antonio de Las Heras Canseco en 1769 y a otros más para lograr mayor información. Declaran entonces: José Núñez (avecindado y establecido allí); Francisco Aspitía, también vecino; José Castro (que declaró en 1769); Agustín Heredia (fue testigo en la anterior comisión) y Santiago de Heredia (vecino del paraje).

Notamos en estas declaraciones una general rectificación de las diligencias anteriores; los testigos expresan que la Estancia tiene de ocho a diez leguas de norte a sur; y de oriente a poniente, poco más o menos de cuatro leguas, modificando así las declaraciones de 1769, de los testigos Castro y Heredia, quienes expresan que nunca afirmaron lo de 20 y 6 leguas y que debe haber error ya que por ser prácticos y "baqueanos" no podían equivocarse en esa apreciación.

---

[46] A.H.C., Escr. 2ª, Leg. 5, Exp. 14 (bis).

De los testimonios surge que la estancia linda por el norte en lindero fijo que amojona el lugar de Molle-Yaco, y por la parte sur es lindero el río Yuspi (que divide de éstas las tierras de Alta Gracia); por la parte oriental conocen por lindero cierto la Piedra Parada, y por la parte del poniente linda con tierras de los "Abrego"; conocen la mensura de Medina (que ya hemos estudiado) y la de don Ventura Chavarría, y saben que hubo contradicción por parte de los Abrego (al estudiar la mensura de Medina hemos hecho referencia a la pretensión de la viuda de Abreu, dueña de la estancia El Sauce, que invocara el título otorgado por el gobernador Argandoña al capitán Francisco de Ledesma en 1690, y sabemos que al final judicialmente se rechazó la pretensión de Abreu en 1754)[47].

La declaración de Castro en el expediente que estamos estudiando, nos completa el contorno del norte: de Molle Yaco al poniente «va a buscar la esquina de un cerro nombrado Orcoyana (donde se hallaba un lindero) y de este tirando al sur se hallaba otro lindero, en las cercanías de Piedra Blanca»; coincide Agustín Heredia (p. 28): dice que «por la parte norte conoce un lindero que divide las tierras de Soto que llaman Molle Yaco, y que girando siempre al norte se halla otro mojón cerca de una rinconada nombrada El Cajoncito, y que caminando en demanda del poniente se hallará otro lindero inmediato a las Totoras, a la parte norte, y de este tirando siempre al poniente se encontrará otro en la esquina de Orcoyana, todos los cuales deslindan las tierras de Soto; y por la parte oeste de Orcoyana a la Piedra Blanca, rumbo a lo de los Abrego (oeste-suroeste), «de aquí sesgando va a hallarse otro lindero que deslinda las tierras de don José Manuel Salguero, el cual está sobre un alto e inmediato a San Xavier, a la parte sur»; no conoce los linderos del naciente[48].

Con estos datos más concretos, de Elías decidió el 8 de mayo verificar de vista, personalmente, los linderos, y «puestos a caballo caminamos en demanda de Molle Yaco (5 leguas de La Candelaria) y donde se citaron los indios de Soto y con ellos se reconocie-

---

[47] A.H.C., Escr. 2ª, Leg. 48, Exp. 8.
[48] A.H.C., Escr. 2ª, Leg. 46, Exp. 8, fs. 27 vto.

ron éste y los demás linderos de las tierras de la Hacienda con las de dicho pueblo, sin que hubiera contradicción».

El acta siguiente es del día 10 para verificar los linderos del poniente, y cuando llegó a la Piedra Blanca hizo oposición Manuel Barrera invocando una merced hecha por el gobernador Gutierre de Acosta y Padilla en favor de don Juan de Aguirre en diciembre del año 1645. De Elías (hombre avisado) revisa allí los papeles de Barrera, y entre ellos encuentra un *convenio* entre el dicho Barrera y el padre rector Quirini y el padre Manuel Rodríguez[49] en que se concreta que Barrera consiente en recibir una equivalencia de tierras que le hacen los Padres atendiendo a su pobreza, ya que los documentos opuestos son posteriores al derecho de la Compañía. De Elías expresa «que estando el territorio que nomina la donación dentro de los mismos linderos de la Hacienda, admítesele la contradicción en la parte que reza la donación y no en cuanto pretende por la citada merced» requiriendo a Barrera «concurra dentro de 15 días con sus títulos ante la Real Junta municipal». Se reconoce el terreno de la *donación* a Barrera y se asignan ser cosa de dos leguas de norte a sur lindero Cruz de Caña hasta la Higuera y de oeste a este, arroyo Cruz de Caña hasta Las Achiras «cosa de una legua». Y termina el acta.

El 11 de mayo continúa de Elías el reconocimiento. Puestos en la Concepción (5 leguas de la Piedra Blanca), se presenta Pedro José de Abreu y hace contradicción de dos leguas de territorio que desde el centro del Sauce se hallan insertas en el de esta Hacienda a la parte naciente. Invoca la merced del gobernador D. Tomás Félix de Argandoña del año 1690 en que «nomina hacia merced de dos leguas a cada viento y las más sobras que hubiese intermedias tomando por centro del Sauce».

De Elías examina otro instrumento de donación en equivalente de lo pretendido. Admite la contradicción por este instrumento —no por la merced— y lo cita ante la Junta.

---

[49] Joaquín GRACIA: *Los Jesuitas en Córdoba*, ob. cit., p. 504. (Ex. P. Manuel Rodríguez con el Capellán de La Candelaria y Hno. Antonio Carranza en 1767 el Estanciero, cuando la orden de expulsión).

El 12 de mayo, llegado a San Xavier (cosa de una legua del Potrero) recibió respuesta de don José Manuel Salguero (con cuyas tierras deslindan las de esta Hacienda por la parte sur), oponiéndose sin presentarse [50]. De Elías recurre a información extrajudicial ante testigos, de varios prácticos quienes contestes declararon que los linderos que hoy se hallan fueron mandados poner de nuevo por la Real Justicia a don Pedro Moynos que los había deshecho de su autoridad. En el deslinde y cotejo de instrumentos se hallaron ser de mejor derecho los de los Jesuitas. El 17 de mayo de 1773, Salguero insiste en la contradicción por carta fechada en San Joaquín de los Dos Ríos.

El 14 de mayo «sin embargo del mal tiempo» pasó a examinar la calidad de los terrenos del naciente hasta la Piedra Parada (que dista 2 leguas de La Candelaria) y no siendo preciso hacer por esta parte citación «por lindar con tierras de Abalos pertenecientes a Su Magestad regresamos a La Candelaria»[51]. Hasta aquí la mensura de de Elías.

Mensura de Chavarría

Por el oeste nos encontramos con la estancia y tierras de Piedra Blanca que recibió Nicolás Aguirre y que fue objeto de deslinde por una transacción que los PP. hicieron con los herederos: capitán Manuel Barrera y compartes. Esta transacción se hizo el 20 de noviembre de 1766 interviniendo como perito del deslinde don Ventura Chavarría.

La línea puede establecerse de la siguiente manera: desde la población de Piedra Blanca hacia el norte, que es la tierra de los Barrera, y hacia el sur de los PP., siendo divisorio el arroyo Cruz de Caña que corre desde ese paraje hacia el noroeste, para seguir

---

[50] Escr. 2, Leg. 46, Exp. 8, 1774, a fs. 78 y 79 están insertas las cartas originales de Elías a Salguero fechada en San Xavier el 12 de mayo y la respuesta de éste fechada en San Joaquín de los dos Ríos el 17 de mayo.

[51] Ver lo relatado en p. 42 con respecto al Potrero de Ávalos.

la línea debe buscarse el arroyo de Las Achiras y éste debe dividir la longitud y la latitud sobre su margen, siendo las tierras de los PP. al sur «por la parte de la caída del valle hasta topar con el arroyo que baja de la sierra llamado de la Cruz de Silveira»[52].

En ese mismo costado poniente hacia el sur nos encontramos con la estancia y tierras del Sauce. El origen de este fundo data de 1689, fecha en que el gobernador Argandoña otorgó al sargento mayor Francisco de Ledesma merced de tierras que completaban sus posesiones de Río Hondo y los Dos Ríos; estas tierras pasaron a poder del sargento mayor don Pedro José de Abreu[53], quien oportunamente reivindicó sus límites frente a las pretensiones de los PP. invocando las mensuras de Francisco de Medina y la de Ventura Chavarría. Las tierras del Sauce quedaron en poder de los Abreu ("Abrego" en los documentos de la época) y los PP. transaron en 1754 cuando al realizarse la mensura de esta parte por Medina se presentó en oposición a la línea oeste doña Antonia de Heredia, viuda de don José de "Abrego" presentando el título del sargento mayor Ledesma otorgado por Argandoña en 1689. El asunto terminó con el fallo del fiscal Joseph de Elías quien en ese año de 1754, vistas las razones de los PP. (herederos de Vera Mujica) y las de los opositores en El Sauce: Antonia Heredia de Abrego y el capitán Nicolás de Aguirre, resolvió confirmar las dos leguas alegadas por los PP. desde el río Guamanes (Candelaria) hacia el oeste, quedando así deslindado El Sauce de La Candelaria.

---

[52] A.H.C., Reg. 1, 17-4-1761, Escr. Mattos de Acevedo. Documentación relacionada en la mensura S/A II. Ocampo-Cruz del Eje-Catastro Provincial.

[53] A.H.C., Escr. 2ª, Leg. 48, Exp. 8.

La obra de los Padres

AL entrar los P.P. en 1683 en posesión de las tierras de Vera Mujica, no era mucho lo que este último otorgaba en cuanto a la organización y mejoras. Por el juicio de Vera con Ordóñez sabemos [54] que además de tierras había "estancias", esto es: edificaciones para *habitar, guardar* y *administrar*, e *instalaciones de trabajo rural*; tenía también ganados tanto por herencia de su padre, cuanto por acrecentamiento hecho por él mismo.

Los Padres —que ya poseían enormes cantidades de tierras alrededor de las donadas por Vera— aplicaron su experiencia organizativa a lo obtenido en la donación. Tenían a la sazón, al sur de las tierras de Vera: "El Potrero de los Padres" (parte de San Antonio[55] y las tierras donadas por Alonso Nieto de Herrera: El Pantano y el Potrero de Nieto; las tierras de Nono, que fueron de Juan Nieto, el primer esposo de doña Estefanía de Castañeda casado en segundas nupcias con Alonso Nieto de Herrera, el donante a la Compañía) y las sobras que obtuvieron en la petición al gobernador Ángel Peredo, y que se les otorgaron en Santiago del Estero el 17 de mayo de 1674 «...todas las tierras bacas, debajo de los linderos suso declarados»; es decir más allá del Pantano, Potrero y Sierra de Achala (al norte-sur-este y oeste de la senda que pasa a Nono)[56].

---

[54] A.H.C., Escr. 2ª, Leg. 5, Exp. 16.
[55] A.H.C., Escr. 2ª, Leg. 2, Exp. 16, 1664.
[56] A.H.C., Escr. 2ª, Leg. 2, Exp. 18, 1668-1674.

La estancia central la establecieron junto al río Guamanes, en la antigua posesión que tenía don García de Vera en 1622. A las casas y cercos allí existentes fueron agregando construcciones para las actividades del establecimiento, y entre 1683 y 1695 posiblemente terminaron la iglesia, completaron el claustro y levantaron y prolongaron las obras de ingeniería hidráulica que necesitaban para el molino y desagüe desde el río hasta una depresión cercana, que utilizaron como reserva de aguas encerrándola en tajamar de piedra y cal.

Llamábase ya "La Candelaria", como lo comprobamos al leer el cuerpo del expediente formado por el litigio que el donante tuviera con su cuñado Luis Ordóñez donde este último se opuso a la donación hecha a los P.P. del Noviciado de la Compañía en 1683[57].

En consecuencia, La Candelaria se integraba con las extensas tierras donadas por Vera (doce leguas más o menos de norte a sur), y de este asiento hicieron los P.P. sede central y estratégica de su enorme dominio. A poco andar integraron también al feudo las tierras de Polotosacate, que la Compañía se encargó de posesionar y deslindar por actividad del P. Ibáñez.

El casco de La Candelaria constaba de habitaciones construidas en claustro con un zaguán hacia el este que daba al corral y otro zaguán al traspatio.

A las habitaciones llamadas "del Colegio", se agregan las dependencias destinadas a talleres, molinos, batanes, tajamar, hornos, etc. Todo esto lo hicieron los Padres para equipar un importante centro de producción primaria y proceder a su transformación industrial. La explotación planeada y ejecutada en "La Candelaria" no se limitó solamente a la cría de ganados y a siembras e implantación de huertas.

Para la edificación se empleó generalmente piedra y barro "enlucido con cal" pero también se usó ladrillo cocido allí mismo. Este material sirvió para las construcciones del casco y para algunos de los puestos.

---

[57] A.H.C., Escr. 2ª, Leg. 5, Exp. 14 (bis).

Constaba la estancia, además de las habitaciones de los Padres y la capilla, de patios bien cercados y "atahona" para moler con tracción a sangre; y de la ranchería, que era el lugar de habitación de los esclavos empleados en las tareas artesanales e industriales manejadas por los P.P. estancieros.

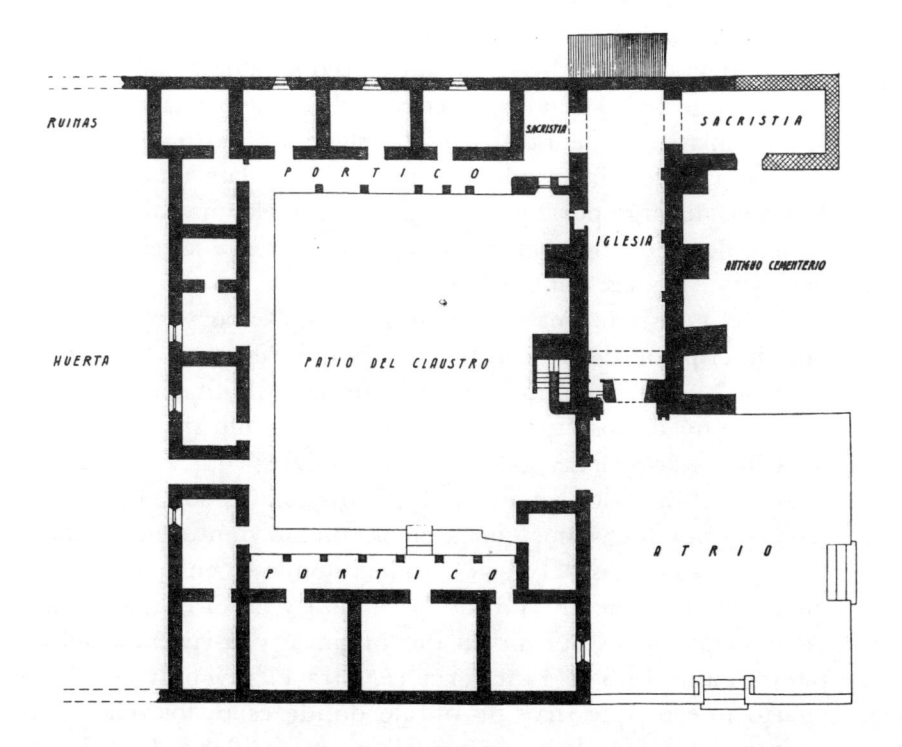

Plano de la iglesia y la residencia de la estancia de La Candelaria.

En los inventarios se describe prolijamente la ranchería cercada de paredes de piedra y barro: en total este espacio tenía 81 y 3/4 de varas[58], 10 de largo y 48 varas de ancho; del lado del naciente 14 cuartos de piedra y barro techados de madera y paja; del

---

[58] La vara de Castilla: es de 835 mm., 79 décimas.

lado del poniente 10 cuartos con techo de cañizo y teja; del lado sur 6 cuartos techados de cañizo y teja; por el norte un muro de piedra y barro de 2 varas y 1/2 de alto por 48 de largo. El recinto tenía puerta y en el patio existía un corredor en la parte poniente de 30 varas y 1/2 de largo por 3/4 de ancho, y una altura de 2 varas y 3 cuartas, todo techado de madera bruta con tejas, descansando en 10 pilares de piedra y barro.

Contiguo a la ranchería hay un corredor (afuera) de 6 varas y 1/2 de largo por 3 de ancho, techado de madera y cañizo y paja, sobre 2 pilares de piedra y barro; y le sigue un cuarto dentro de la ranchería, mejor construido, con madera labrada, y una cocina de 4/5 varas de largo por 2 y 3/4 de ancho; síguele un cuarto a dicha cocina, de media agua arrimado a la pared de la ranchería de 6 varas y 2/3 escasas, por 2 y 3/4 de ancho.

En el primer inventario de Diego de las Casas[59] encontramos una descripción de las construcciones que registra a más de las "alcobas" y "cuartos" un refectorio de los P.P., haciendo notar que en uno de los cuartos «está un sótano que sirve de cárcel para los esclavos». Las galerías o "corredores" que protegen los cuartos están todos enladrillados y los pilares son de ladrillo (todavía hoy los vemos con arco de medio punto entre uno y otro en los cuartos del norte). Indica dónde se encuentra el cementerio (que cae al patio de la capilla) y en el traspatio habitaciones pequeñas que sirven de "oficinas" y la vivienda del capataz. Pasando a la ranchería registra el inventariador "un cuarto nuevo" que sirve de obraje donde están los telares corrientes de pañete lienzo y cordellate, el urdidor y 3 ruedas de hacer canillas.

A una cuadra de estas habitaciones se encuentra la huerta, de cuadra y media de largo y una cuadra de ancho, «cuya mitad está poblada de distintos árboles frutales»; la huerta contenía en sí al tajamar, construcción de piedra y cal para muro de contención de las aguas que traían por la acequia desde el río Guamanes que

---

[59] A.H.C., Escr. 2ª, Leg. 46, Exp. 8, 1767.
[60] Libro de Cuentas.

rumbeaba al naciente y norte de la huerta. Del aprovechamiento de la huerta hay referencias en los libros de cuentas [60].

Sabemos que de los obrajes de La Candelaria salían telas de algodón y de lana; y de la carpintería, muebles, vigas de la construcción, madera labrada para puertas y ventas y viguería de techos, soleras y sus bellos remates de ménsulas. Funcionaba también la herrería, tanto para rejas, veletas, cruces, cerraduras, bisagras y cinchas de barriles, como para útiles de labranza, herramientas, barandas de coro y del altar, etc.

De la fundición salía el peltre de zinc, estaño y plomo, fundido bajo la dirección de algún artesano de la Compañía (tal como el padre Klausner, que escribe sobre ello a su maestro austríaco)[61]. No sabemos si los instrumentos musicales salían de la artesanía de la estancia, pero el inventario da la existencia de arpa y guitarra[62].

Capilla de La Candelaria y algarrobo.

---

[61] J. GRACIA: *op. cit.*, p. 393.
[62] A.H.C., Escr. 2ª, Leg. 44, Exp. 5 y Leg. 46, Exp. 8.

La arquitectura

La Candelaria tiene un estilo similar en sus construcciones al de las otras estancias pero más humilde: su capilla es grácil, sencilla, con la espadaña central de un barroco ingenuo en el remate del frente; los adornos del frente son simples, bellos y proporcionados: a los costados, dos lienzos de remate en cono con recipientes de esfera achatada de cerámica. El tímpano asentado en medias columnas rectas acornizadas luce un nicho de medio punto en el centro. La portada presenta un perfecto arco de medio punto que contiene el lienzo del marco de la puerta, ésta de dos hojas de algarrobo, de tableros largos y bellos.

Portaladas de la iglesia y del claustro.

Este lienzo tiene una moldura de 2 volutas centrales y una cornisa que remata en dos volutas laterales sumamente sencillas, delicadas.

Junto a la capilla, en el costado naciente, está la puerta que accede al patio de las habitaciones principales —refectorio—, alcobas, sacristía. Y hacia el poniente la capilla se continúa con una construcción (como esbozo de crucero) con puerta que mira al norte al cementerio. En este costado la capilla se fortalece con contrafuertes sólidos de piedra, cal y ladrillo que sostienen la construcción. Su techo es de dos aguas de tijeras con cubiertas de tejas asentadas en cal.

La escalera del coro sube desde el patio por el costado poniente rematando en un pasadizo con entrada al dicho coro. El interior es sencillo, de una nave, y hacia el naciente está la sacristía; hacia el poniente, el largo cuarto con salida al norte o contra-sacristía, lo cual hace el esbozo de crucero.

Escalera que sube al coro.

Atrio y pretil de la capilla.

Contrafuerte de la capilla y tumba.

Descripción que tiene la retasa hecha por don José de Elías en 1773

DESCRIPCIÓN del casco de La Candelaria. De Elías lo llama "el Colegio", con sus viviendas que se componen de 13 piezas incluyendo el zaguán y otro pasadizo que va a las rancherías (las medidas son iguales a las De las Casas).

El 17 de mayo se constituyeron en «la estancia de La Candelaria distante 5 leguas del punto de Santa Sabina; y luego verificaron la existencia de animales notando, a través del inventario, el predominio de la hacienda caballar y mular».

Es éste el inventario más prolijo de inmuebles y muebles que podía verificar en el archivo y —sin perjuicio de reconocer que soy repetidor— lo voy a analizar en detalle [63].

Expresa el inventario de don Antonio de Las Heras Canseco, para la entrega a Justo Roque Funes, lo siguiente:

– Un patio principal de 23 varas y 1/2 de largo por 19 y 1/2 de ancho, y en él un poste parado de 3 varas y 1/2 de alto que sostiene un cuadrante corriente de una tabla de 2/3 de largo y menos de 1/2 vara de ancho.

– Alrededor de dicho patio se hallan 3 corredores seguidos, de 2 varas y media cuarta de ancho, todos enladrillados, techados con madera labrada a hacha, y cañizo con teja sostenido por 17 soleras de madera y 17 pilares de 2 varas y 1/2 de alto, cuatro de ellos de piedra y barro, y 13 de barro y ladrillo.

– En dicho patio hay una puerta principal por donde se pasa al pretil de la iglesia, de dos manos, de 2 varas y 1/2 de alto por

---

[63] A.H.C., Escr. 2ª, Leg. 46, Exp. 9, 1774.

2 de ancho, su armazón y marco de algarrobo, y los tableros de cedro, con cerraduras y llaves y goznes de hierro.

*Puerta del claustro vista desde patio
(antes y después de su reciente restauración).*

– A la siniestra de dicha puerta y al principio del primer corredor se halla un cuarto de media agua de 5 varas y 1/2 de largo por 2 varas y 2/3 de ancho, con paredes de piedra y barro revocadas de lo mismo y blanqueadas, techado de madera labrada que consta de 5 costaneras, cañizo y teja. Dicho cuarto tiene una ventana que cae al patio a este lado, con un marco de más de 2 varas de largo y 3/4 de ancho, con tres balaustres todos de algarrobo; y por el lado de adentro, un encerado de lienzo en su marquito y una puerta de ventana que tiene una puerta de 3 cuartas y 1/2 de largo por 2/3 de alto, de algarrobo, con su aldabilla de lo mismo, y dicha puerta de ventana es vieja. La puerta de ese cuarto es de una mano, de madera de algarrobo, de igual marco con cerradura y llave.

– Le sigue otro cuarto de 6 varas de largo y 5 y 1/2 cuartas de ancho, paredes de piedra y barro enlucidas, por dentro; su altura es de 3 varas y 1/2, y el suelo está enladrillado como el otro; tiene una ventana de vara y 1/3 de alto por 1 vara de ancho, la cual cae al pórtico de la iglesia. Y tiene encerado de lienzo; marco con reja de fierro, y su puerta de dos manos, de algarrobo, de 1 vara y 1/3 de alto por 1 vara y 1/4 de ancho, con aldabilla de fierro. Este cuarto tiene 16 costaneras, una cumbrera y un tirante con sus piernas de llave, techo cañizo y teja; la puerta de este cuarto es de algarrobo y con marco de algarrobo de 2 varas y 4 dedos de alto por 1 de ancho, asentada en goznes de hierro con cerradura y llave corriente, pasillo y tirador de fierro.

– Le sigue otro cuarto de 10 varas y 1/2 de largo y del mismo ancho y altura que el anterior, con paredes de piedra y barro, que tiene una ventanita de menos de 1 vara de alto y menos de ancho, con reja de madera, y además una puerta de quicio de una mano, de madera de algarrobo y marco de lo mismo, con cerradura y llave. Su techo tiene 24 costaneras, 2 tirantes con piernas de llave de madera labrada, con techo de cañizo y teja y enladrillado.

– Le sigue otro cuarto de 3 varas y 1/2 de largo con igual ancho y altura que el antecedente, techado de madera bruta, cañizo y teja, enladrillado como el otro, con puerta de quicio en marco de algarrobo. En dicho cuarto se hallan 5 *divisiones que sirven de lugares comunes.*

– Le sigue otro cuarto de 6 varas de largo con ancho y altura y paredes iguales al anterior, con una ventana de 1 vara de alto y 3/4 de ancho, con reja de madera, sin puerta, suelo enlosado de piedra y techo de madera bruta, cañizo y teja; puerta de quicio y marco de algarrobo.

– Sigue otro cuarto de 6 varas poco menos de largo, de igual ancho y altura y paredes que el antecedente, con suelo enladrillado, techo de 24 costaneras (cumbrera), 3 tirantes con piernas de llave, puerta a dos manos de quicio con marco, todo de algarrobo, con su cerrojo y cerradura y llave corriente.

– Le sigue otro cuarto de 4 varas y 1/4 de largo, ancho y altura y paredes como el anterior, suelo enladrillado, y el techo tiene 32 costaneras, 3 tirantes de madera bruta, 3 piernas de llave de madera labrada y cumbrera, cubierta de cañizo y teja; puerta de quicio de una mano, con marco, todo de algarrobo, con cerradura y llave. Tiene una ventana con 3 balaustres y con puerta de algarrobo.

– Síguese el inventario de un cuarto de 2 varas y 3/4 de largo y lo mismo de alto, con una división que sirve de dormitorio, y su anchura es como la de sus antecedentes; sus paredes son de lo mismo y su suelo, enladrillado; le sirve de techo un sobrado que pertenece al último cuarto nombrado en el antecedente inventario.

– Este cuarto tiene comunicación con otra vivienda de 3 varas y 1/4 y de largo, del mismo ancho y altura y paredes que los anteriores; su techo tiene 8 costaneras y una cumbrera, cubierto todo de cañizo y teja. Esta vivienda tiene una alacena de 2 cuerpos con puertas de madera de algarrobo de 3 cuartas y 1/2 de alto e igual ancho, sin cerradura ni llave. Sobre esa alacena se halla una ventanita de 1/2 vara en cuadro de luz, con marco y tres balaustres de algarrobo. La puerta principal de la vivienda es de goznes de algarrobo, como asimismo su marco, de 2 varas de alto y 4 dedos de espesor, y 1 vara de ancho, con cerradura y llave corriente.

– Otro cuarto que le sigue, de 4 varas y 1/2 de largo, ancho altura y paredes como los anteriores, de suelo enlosado de piedra, techo con 12 costaneras, cumbrera y un tirante con su pierna de llave, todo labrado a hacha y azuela cubierto de cañizo y teja; tiene una ventana que mira al naciente, de vara y 1/4 poco más de alto y 1 vara poco más de ancho, con marco; reja y puerta, todo de madera de algarrobo. La entrada a dicho cuarto es importante porque tiene 2 varas y 1/2 de alto y 2 varas de ancho; la entrada es de suelo enladrillado y se halla debajo de un sobrado que pertenece a la vivienda antecedente. Su puerta es de gonce, todo ello de algarrobo, pestillo y pasador de fierro, con cerradura y llave corrientes.

– Le sigue otro cuarto de 5 varas y 1/4 de largo, ancho, altura y paredes como las demás y suelo enlosado de piedra; tiene una ventana que mira al sur de 3/4 en cuadro, con reja de fierro, marco y puerta de madera de algarrobo, techo de 12 costaneras, cumbrera y 2 tirantes con sus piernas de llave. Uno de los tirantes se halla sobre la pared que divide el antecedente de éste, y el otro, en el medio del cuarto. Todo el maderamen está labrado a hacha y azuela y la cubierta es de cañizo y teja. La puerta de este cuarto es de gonces de algarrobo, como su marco todo de algarrobo, y la mitad para arriba de la dicha puerta hecha de 4 balaustres torneados gruesos y varilla de fierro de un dedo de ancho, y dicha puerta, aunque es vieja es fornida; cerradura y llave corriente.

En este cuarto hay un zarzo de cañizo sobre un tirante bruto y 5 palos, y este zarzo es del mismo ancho del cuarto y de largo tiene 1 vara de 3/4. También se halla una prensa, toda de madera de algarrobo a excepción de la rosca, que es de quebracho.

– Otro cuarto de 6 varas escasas de largo, ancho y altura y paredes igual que los anteriores, suelo enladrillado de baldosas, techo de 16 costaneras labradas a hacha y la cumbrera bruta de sauce, cobertura de cañizo y teja; tiene este cuarto una ventana de 2/3 de alto y 2 de ancho con su puerta, reja y marco, todo de madera de algarrobo, y un cancel que sirve de dormitorio de 2 varas y 1/2 de alto y 2 varas escasas de ancho. La puerta de este cuarto es de quicio, de algarrobo, lo mismo que el marco, con cerradura y llave corrientes.

– Le sigue otro cuarto de 6 varas poco más de largo, paredes, ancho y altura igual a los anteriores, enladrillado su suelo de ladrillo y baldosa; el techo tiene 16 tijeras cumbreras, cubierta de cañizo y teja. En dicho cuarto hay un cancel que sirve de dormitorio, de adobe y barro blanqueado y cubierto de un

Puerta sobre el patio.

Corredor de la residencia. El más antiguo y aledaño al testero de la iglesia.

sobrado que tiene de largo el anchor de dicho cuarto; el sobrado se compone de madera de quebracho y cañizo, y está revocado con yeso. El cuarto tiene una ventana de 2/3 de ancho por 2 y 1/2 de alto, con un marco con 2 balaustres y puerta correspondiente, todos de algarrobo; y detrás de la puerta hay un marquito de cedro con una vidriera de 12 vidrios, y a dicha ventana la cubre una cortina de listadillo. La puerta de dicho cuarto es de quicio, con su marco todo de madera de algarrobo, cerradura y llave corrientes.

Inmediata a dicha puerta se halla a la salida de ella una campanilla pequeña encabezada y puesta en dos palos.

– En la galería que mira al poniente se abre un corredor enlosado de piedra de 2 varas y 1/2 escasas de ancho y 5 y 1/2 de largo, la cual lleva al traspatio, con su puerta y marco de algarrobo de 2 varas y 1/2 por una cuarta de alto y 1 vara de ancho, con cerradura; y antes de salir de ella se encuentran tres escalones de piedra.

Patio y galería.

Vista frontal de la galería en ruinas.

– El traspatio citado se compone de 33 varas y 3/4 de largo y 23 de ancho, cercado por el sur con pared de piedra y barro castigada con cal, y por el norte con pared de lo mismo; por el naciente, a excepción de un pedazo de 6 varas de largo que ocupa un cuarto, continúa la pared igual, y por la parte del poniente se halla cercado por la parte de atrás de las viviendas que están en el corredor que mira hacia ese rumbo.

Ruinosas construcciones aledañas.

La iglesia de La Candelaria

La iglesia estaba ricamente provista con los elementos para el culto. Custodia de plata, copón de plata "con dos piscis", una cajita de plata para llevar el Viático, dos cálices de plata, tres patenas, un ostiario, tres crismeras y un par de vinajeras con su platillo, una naveta, un vaso "de dar agua a los que comulgan", 24 campanitas; cuatro blandones nuevos, un incensario, una corona, una lámpara (toda de plata). Estos detalles que se consignan en el inventario de D. Manuel Urtubey[64] que se hiciera cargo de la administración en 1767, inmediatamente se complementan con los que se registran al entregarle don Antonio de Las Heras Canseco la administración a don Justo Roque Funes en mayo de 1771[65]. A esos objetos deben agregarse las vestiduras que existían para oficiar, consistentes en ricas casullas de brocatos con flores de oro y seda, galones de plata y galón de oro fino y forrado de tafetán, otras de raso liso bordadas de plata del Cuzco, de damasco blanco y carmesí, de lama de plata en campo morado guarnecida de encaje de oro fino forrado en tornasol; de damasco negro, etc.; también se detallan las capas de persiana de olanda, de damasco negro y verde de calamaco de seda franjeada; los frontales con marcos para adornar el altar; los amitos de revestirse de cambray batista y de bretaña, con sus cintas, las albas de bretaña y con encajes volados y de ruán con encajes volados; los cíngulos de cinta de oro fino con borlas de oro y seda colorada; los so-

---

[64] A.H.C., Escr. 2ª, Leg. 37, Exp. 22.
[65] A.H.C., Escr. 2ª, Leg. 15, Exp. 44, 1771.

brepellices de bretaña; manteles y paños del altar. Se da cuenta también de los libros del culto: tres misales y un libro de colecturía de a folio, y un ritual romano y un cuaderno de difuntos; y de los instrumentos musicales para acompañar los cánticos: arpa, guitarra y violín, que se guardaban en la iglesia en una alacena apropiada debajo del coro. Para las procesiones existía un palio con cielo de calamaco en medio de tapiz blanco, con cenefa de raso de flores forrado de crudo, con cuatro varas de madera pintadas, una cruz de palo pintada que tiene dos mangas, una de fondo negro forrada de olandilla guarnecida con un encaje ancho de oro falso y la otra de persiana carmesí forrada en coleta y guarnecida de lo mismo, dos pendones, una banda de tomar la custodia.

Pasemos a las imágenes que guardaba el templo: sobre el sagrario estaban unas andas de la Virgen sobre las que se alzaba «un solio sostenido por dos varas lisas doradas que miran para la Iglesia y del lado del retablo fijo en éste. En el centro tiene un sol del cual se halla pendiente una paloma de plata tirada y el cielo del solio se halla cubierto de terciopelo carmesí con cenefa de lo mismo y rapacejo de hilo de plata, y todo lo demás de dichas andas y solio es de madera sobre dorada y está adornada de trece angelitos de yeso. Bajo dicho solio se halla un nicho en la pared en el cual se halla una imagen de Nuestra Señora de La Candelaria con su Niño en los brazos, éste todo su cuerpo con encarne. La imagen de la Virgen tiene de encarne el rostro y las manos y el armazón de madera. Los adornos de la Virgen consisten en: un hilo al cuello de corales y perlas falsas y en medio una joya de oro con esmalte verde y doce perlas finas pequeñas y una cuenta blanca engastada por la parte que se halla pendiente, de oro; tiene la imagen un par de zarcillos de metal liso sin piedras, una corona de plata, obra a cincel. En los dedos lleva tres sortijas de oro, la una con cuatro esmeraldas pequeñas, la otra con una más grande y la tercera con una piedra colorada, hay otra sortija de plata sahumada con tres piedras verdes. La imagen, de una vara y octava de alto está cubierta con vestido entero de tapiz blanco guarnecido de galón falso angosto y del peto y casaca fino; forrado dicho vestido de tafetán azul sencillo; y tiene asimismo un faldellín de raso liso verde y unos vuelos de clarín fino bordados de hilo con encajes. El Niño que tiene en brazos lleva un hilo de corales y perlas falsas al cuello, con dos joyas de dichas perlas y por remate una piedra de vidrio que comúnmente le llaman piedra de leche, con sus tres potencias de madera dorada».

Imagen de la Virgen de la Candelaria.

Entre el ajuar de la Virgen que existía en la Sacristía, registramos: un manto de brocato en campo azul celeste con flores de oro y plata galoneada con galón de oro fino; un faldellín de brocato en campo blanco con flores de oro y seda forrado de tafetán azul con galón de oro fino escarchado; una casaquita guarnecida con el mismo galón; un manto de persiana blanca, una casaquita de raso azul, otra de persiana verde, un peto de terciopelo carmesí, un manto de cuyo medio es de brocato en campo blanco con flores de oro, una túnica y manto de tafetán negro, un par de vuelos de estipilla, una tuniquita de medio cuerpo de bretaña. Debe aclararse que en solio aparte había una imagen de Nuestra Señora del Rosario con una pollera de raso y manto de lo mismo, todo franjeado con galón de plata falsa de cintura arriba por un paño blanco; pollera y manto dichos, forrados en tafetán sencillo carmesí, con una cinta negra al cuello. Tenía unos sarcillos con dos arquitos de alambre con corales y perlas falsas de los cuales penden dos higuitas, la una con tres perlitas finas y la otra con dos dichas. Las higas son de oro fino esmaltado.

Las demás imágenes existentes en la iglesia eran: en el lado del Evangelio del retablo: un Niño con su peana pintada y dorada cuya imagen tiene tres cuartas varas de alto vestida con una tuniquita de tafetán azul, y sobre la grada que se halla al lado de la Epístola está otro Niño Jesús del mismo tamaño y vestidura que el anterior. En la sacristía había otra imagen del Niño Jesús de dos tercias de alto, todo el cuerpo de encarne, coronado con una guirnalda de flores de oro y plata falsas, su rostro algo maltratado y quebrado un dedo de la mano, se encuentra en una peana de madera labrada pintada dorada. El Niño se halla vestido con una túnica de brocato blanco franjeada por abajo con galón de oro fino, y con galón se hallan guarnecidas las bocamangas, cuello y abertura de dicha túnica. Vestiduras para el Niño: túnica de terciopelo carmesí, otra de persianas franjeada con galoncito de plata, otra de calamar de seda con flores de oro franjeado con galoncito de oro de Cuzco y forrada de olandilla; otra de lienzo morada con camisa de bretaña. Además una imagen de bulto de San Juan Bautista, con encarne en el rostro y manos, pintado y dorado, con peana; otra de San Antonio de Padua, sin peana y pintada; una imagen de Nuestra Señora de la Concepción: rostro y manos con encarne, pintada y en parte dorada. En un nicho embutido en la pared forrado de crudo pintado hay una lámina con la efigie de San Juan Nepomuceno, con su mano y coronación de madera todo dorado y con cristal. Tiene el marco vara y cuarta de largo y tres cuartas de ancho; está del lado de la Epístola. Del lado del Evangelio había otro nicho de madera pintado y dorado donde había un crucifijo con encarne, su cruz y peana de madera pintada y dorada (fs. 36 vto).

Interior de la capilla.

Vista lateral del altar mayor.

Vayamos al Sagrario ubicado en el centro; es de madera su obra de talla con seis columnas y varias cornisas, dorado por dentro y fuera, con su puerta de dos manos con su cerradura y llave de fierro. Hay en el altar dos tablas donde se encuentran manuscritos: en una el Evangelio de San Juan y en la otra la oración del

Lavabo, las dos de igual tamaño y con marcos dorados. Hay una laminita de la imagen de Nuestra Señora de los Dolores, el marco de palo pintado y dorado, con cantoneras de metal amarillo con su cristal y adentro adornado con varias piedras y perlas falsas.

Sagrario

La descripción del nicho principal nos dice que a espaldas de dicho nicho se halla una vidriera que se compone de 16 vidrios, y a espaldas de ésta una reja de fierro que corresponde al lado de afuera de dicha iglesia, ochababa. Al seguir describiendo el paño del altar dice que a los lados de dicho nicho (el central de la Virgen) se siguen dos pilares de talla salomónica que los cubre un arco y coronación, todo de madera labrada y dorada y tiene de alto tres varas y tres cuartas. Al lado del Evangelio se hallan dos relicarios de madera de jacarandá con varias reliquias de cuatro cristales cada uno, y en sus remates tienen una cruz con cantoneras y aderezos de metal con dos columnas medianas, a los lados de cada uno, de madera lisa dorada, y dichos relicarios tienen de alto cinco sesmas y de ancho una tercia, y al lado de la Epístola se hallan otros dos relicarios iguales a los otros.

En el retablo con trece espejos de cada lado de una tercia de alto y cuarta de ancho inclusive sus marcos y coronación, se hallan treinta y ocho láminas con sus cristales del mismo tamaño y hechura de los espejos. Para la mesa del altar había un marco de madera dorada donde se ponen los frontales. A cada lado del altar se hallan dos colaterales de pared pintados y también a cada lado se hallan dos arañas de fierro pintadas, una con ocho y otra con cuatro mecheros; además, dos haceros de madera hechos a torno pintados de negro y con algunas roscas doradas, dos candeleros grandes de bronce, cuatro chiquitos de bronce; una taza con su tapa y platillo, de peltre, para purificarse los dedos. Las paredes se adornan de ocho lienzos en los que se halla pintada la vida de Nuestra Señora; seis están embutidos en la pared con sus marcos de yeso, y de éstos los dos inmediatos al altar con sus marcos pintados de pintura ordinaria y tosca y los otros en bastidores; otro lienzo con la imagen de Nuestra Señora del Rosario con su marco dorado. Hay un púlpito de madera sostenido por dos canes de lo mismo que salen de la pared, cuya hechura es cuadrada y ordinaria. En la iglesia hay un confesionario metido en la pared debajo del púlpito, con puerta de una mano. Dos barandillas de madera se hallan a la orilla del presbiterio pintadas de negro, con sus balaustres tallados; dos escaños de madera con asientos de media tabla. Hay una pila de agua bendita sobre un pilar, uno y otra de piedra de sapo, y sobre ella una cruz de madera y en ella pintada la efigie de Cristo al óleo (en el inventario de Urtubey figura una pila de agua bendita de estaño)[66]. Sobre la puerta de la iglesia se halla el coro sostenido sobre doce canes labrados que salen de la pared; el suelo es de tablas, con

---

[66] A.H.C., , Escr. 2ª, Leg. 37, Exp. 22. Inventario de Urtubey.

"La Virgen de las Niñas" y candeleros de madera.

Imagen de la Dolorosa y de San José.

Cuadro de San Ignacio.

Coro y puerta del confesonario.

Detalle de la espadaña.

Campana.

su barandilla de madera pintada de negro y balaustres torneados. Tiene el largo de la iglesia y de ancho vara y media. Alrededor del recinto, catorce estampas finas de la pasión de N. S. Jesucristo constituyen el "Vía Crucis". Del lado del Evangelio en el presbiterio hay una puerta de una mano, con pestillo y tirador de fierro, por la cual se pasa a la sacristía.

En la sacristía encontramos un sagrario que sirve para guardar cálices, todo de madera pintado y dorado, con dos cortinas de princesa carmesí guarnecidas con cinta de plata. Con su puerta correspondiente con cerradura y llave segura. Sobre el sagrario hay una efigie de bulto de Jesucristo en una cruz de madera. Hay un cajón de puerta de dos manos (bajo el sagrario) con su cerrojo y cerradura y llave, y tras éste un hueco donde se guardan los frontales. Completamos la enumeración: atriles, campanillas, facistoles, un acetre con su hisopo todo de estaño, doce camaretas de bronce, dos planchas de fierro la una de cajoncillo, un hierro de hacer hostias, andas, cuatro alfombras buenas, cinco chuses, lienzos con bastidores, un aguamanil de cobre; una pileta de agua bendita de estaño que se halla en la puerta de la sacristía, un baúl forrado de suela claveteado con tachuelas amarillas; una caja de madera de pino; un escritorio de media vara; un cajón de vara y cuarta de alto y vara y tercia de largo con seis gavetas, dos de ellas grandes, y en su medio un nicho sin puerta, todo de madera pintado.

Veamos la escueta descripción externa de la iglesia y la sacristía; las medidas de la iglesia son: de largo diecinueve varas por cinco y media de ancho y cinco y tercia de alto. El techo tiene veinticuatro llaves, con tejuela y teja. La puerta principal es de tres varas de alto y dos escasas de ancho, de dos manos y su juego en alcallatas, con cerradura y llave corrientes. Las paredes son de piedra y barro revocadas y enlucidas con cal por dentro, y por fuera castigadas con cal. Sobre la puerta se halla un campanario de cal y ladrillo con dos campanas grandes y una chica. En la cima del campanario hay una cruz de fierro grande de obra aseada.

La sacristía tiene tres varas y cuarta de largo por seis y media de ancho y dos varas tres cuartas de alto, en la solera en claro, su techo se compone de doce costaneras, cañizo y teja servible, y tiene una puerta de una mano de tableros medianos con cerradura y llave corrientes. Hay una contrasacristía de media agua, de ocho varas de largo y cuatro y media de ancho y tres de alto. Su techo tiene cinco vigas, cañizo y teja (no tiene puerta).

El equipamiento de producción

ELEMENTOS de la tejeduría: en la sala dispuesta para ello encontramos: dos telares grandes (de algarrobo) con todos sus aperos y dos telares medianos también con sus aperos. Un urdidor de dos varas y cuarto de alto de madera de algarrobo, dos devanadores y tres tornos de encanillar.

El molino, que se halla en la huerta, tiene todos sus aperos y la habitación en que se encuentra tiene 9 varas y 1/2 de largo, y 4 y 1/2 de ancho, por 2 y 1/2 de alto, con paredes de piedra y barro, techado de madera bruta, cañizo y teja, con puerta y marco de algarrobo, de una mano; hay allí las bateas correspondientes para lavar el trigo. Dentro de la huerta e inmediato al molino se encuentra un batán de algarrobo con todas sus piezas y menesteres, protegidos por una ramada techada de madera bruta, cañizo y paja sobre seis pilares de cal y ladrillo descubierta por todos lados; contiguo a él está el tajamar de bastante capacidad cercado con pared de cal y piedra, donde se halla la compuerta de torno de madera de algarrobo; lo demás de la muralla del tajamar es de piedra y barro y en partes con bordo de tierra; al tajamar le viene el agua por una acequia de zanja con la toma de piedra y arena. Desde la compuerta se distribuye el agua al batán, y al molino con su compuerta propia de tablas.

En la huerta, que tiene 387 varas de norte a poniente, 66 varas de ancho y en el medio 127 varas, hay 20 duraznos viejos y 260 buenos, 41 manzanos, 5 membrillos, 3 nogales, 3 perales y 41 guindos. La huerta se halla cercada a piedra seca con puerta de balaustres de algarrobo.

La chacra de sementera, de 280 varas de largo y 103 de ancho en una cabecera, y de 69 en la otra, está cercada de piedra.

Había también un palomar de ladrillo y barro de doce varas de largo por tres de alto, que se hallaba sobre la puerta del patio principal; y un horno de cocer pan, mediano, de ladrillo y piedra y barro, con capacidad de dos almudes ubicado en el traspatio contiguo a la ranchería; y también un horno grande de cocer ladrillos, de adobe crudo piedra y barro con arcos de barro y ladrillo, con su mesa.

La ranchería

La ranchería para habitación de los esclavos se encontraba cercada de paredes de piedra y barro de ochenta y una y tres cuartas varas de largo por cuarenta y ocho varas de ancho, encerrando: en el lienzo del naciente, catorce cuartos con paredes de piedra y barro techados de madera bruta y paja; en el del poniente, diez cuartos con sus techos de 12 costaneras y una cumbrera cada uno, todos cubiertos de cañizo y tejas; en el lienzo del sur: seis cuartos con techos de lo mismo; al norte no tiene construcción de cuartos.

La ranchería tenía puerta de entrada en su patio; había un corredor en la parte del poniente techado de madera bruta con tejas, que prolonga las paredes de las viviendas y descansa sobre diez pilares de piedra y barro.

Por fuera del recinto de la ranchería se describe un corredor de siete varas y media de largo, por tres de ancho, techado de madera bruta y paja, sobre dos pilares de piedra y barro, el cual va a dar en un cuarto como incrustado en el terreno de la ranchería, espacioso de cinco y tres cuartas varas de largo por tres y tres cuartas varas de ancho y tres de alto, de paredes de piedra y barro y con techo de doce costaneras y una cumbrera labrada a hacha, cubierto de cañizo y teja con puerta de cuero y marco de algarrobo, con ventana con marco y balaustres.

Contigua a dicho cuarto está una cocina de cinco varas de largo y dos y tres cuartas de ancho, de igual techo, y le sigue otra habitación para cocina de cuatro varas de largo y dos y tres cuartas de ancho.

A éstas sigue un cuarto de media agua, arrimado a la pared de la ranchería, largo de seis y dos tercias varas, de ancho dos y tres cuartas, también techado de madera bruta, cañizo y teja, con ventana con marco y balaustres de algarrobo.

Ruinas de la ranchería.

Noticia sobre algunos puestos de la estancia, en la recorrida del oficial real Diego de las Casas en el año 1767 [67]

En cumplimiento de la misión oficial como inventariador de bienes de los expulsos de la Compañía, don Diego de las Casas viajó a la Sierra Grande y el 10 de octubre de 1767 lo encontramos en el puesto de Santa Sabina, situado en la ondulada y verde pampa que riega ese río nacido en el macizo de Achala y cuyo curso toma rumbo al norte hacia Cruz del Eje. Ese lugar resultaba ser un importante centro del trabajo estanciero con las haciendas porque está situado equidistante de casi todos los puestos diseminados en el territorio de La Candelaria.

Allí el oficial encontró construcciones importantes en lo referente a corrales para hacienda; la magnitud de los mismos da idea de los trabajos ganaderos que allí se hacían: la ensenada o corral de piedra para encerrar medía una cuadra en cuadro; contiguo inventaría otro corral de piedra de 100 varas de largo y 37 de ancho, y otro de 63 varas de largo por 40 de ancho; también registra un trascorral de 44 varas de largo por 15 de ancho (recordamos que la vara equivale a 835,79 milímetros).

En ese puesto la habitación era pobre: un cuarto de piedra y barro techado de paja de 6 varas y 3/4 de largo por 4 varas y 3/4 de ancho, y 2 varas y 1/2 de altura, con puerta de una mano con

---

[67] A.H.C., Escr. 2ª, Leg. 46, Exp. 8, 1774. "Inventario de los Bienes y Finca de La Candelaria propiedad de los Jesuitas expulsos".

cerradura y llave; y un zaguán con un cuartito de media agua que da al lado norte de la construcción. Nos causa extrañeza la incomodidad de habitaciones en relación con la importancia de las tareas periódicas que comprobamos consultando los relatos de los capataces.

Cumplido su cometido en Santa Sabina, de las Casas viajó tres leguas hasta el puesto de las Minas de muy escasa importancia y de allí hizo seis leguas hasta el puesto y potrero de Rumybola que estaba a cargo de un esclavo negro de nombre Vicente, donde no había mejoras de importancia; bajó cuatro leguas hasta los puestos del Yuspi y San José contando las haciendas y registrando como mejoras apenas unos corrales estrechos. Al día siguiente prosiguió su viaje al puesto de San Ignacio, distante tres leguas del anterior, y ordenó recoger las haciendas para contarlas; registró sólo corrales. El 14 siguió cabalgando hasta el puesto de San Guillermo, a tres leguas del anterior, y lo encontró a cargo de un capataz, hombre libre de nombre Juan Evangelista, a quien mandó recoger las haciendas y las contó; registra como mejoras solamente corrales de pirca; prosiguió al puesto de La Ciénaga, distante dos leguas del de San Guillermo, e hizo recoger dos majadas de ovejas de ese puesto y una majada del puesto de San Javier, que se encontraba a tres leguas del anterior, y las mandó contar, registrando en la de San Javier mil doscientos sesenta y nueve animales, y en el de La Ciénaga, mil doscientos cuarenta y seis ovinos.

Volvióse de allí a La Candelaria haciendo seis leguas a caballo y ordenó que se recogiera la hacienda para contarla; inventariando asimismo las mejoras, como ya se ha especificado.

Luego tomó juramento a todos los encargados de puestos de ser exactas las cantidades de hacienda que se declaraban a inventario; haciéndolo también el mayordomo de La Candelaria Ramón Núñez de Avalos, según reza la diligencia.

En 1771 el administrador nombrado por la Junta de Temporalidades don Antonio de Las Heras Canseco, fue enviado para entregar la administración en la Estancia al administrador nombrado por la Junta Municipal de Temporalidades don Justo Roque Funes, y en abril de ese año se hacen las diligencias encontrándose aquí sí con que en el puesto de **Rumy-Bola**, que es el primero que se entrega, existen las siguientes construcciones:

– un rancho de 4 varas de ancho y 6 de largo, sin puerta, paredes de piedra y barro, techado de madera bruta y paja;

– otro rancho de 5 varas de largo y 4 de ancho, sin puerta, paredes de piedra y barro, techado de madera bruta y paja;

– otro rancho de 5 varas de largo y 4 de ancho, sin puerta, paredes de piedra y barro, techado de madera bruta y paja;

– 5 ramadoncitos pequeños quinchados de paja y cueros;

– un corral contra unos peñones que corren como hasta la mitad de ellos y la otra mitad cercado de horqueta y rama;

– otro corral como el antecedente más de la mitad de él cercado de palos y cinchos;

– otro corral, cercado la mitad de piedra y la mitad de horqueta y rama; y

– otro más, de piedra seca del cerco de 2 varas de alto.

De allí pasamos al puesto de **Yuspy**, donde también encontramos construcciones que pasamos a describir:

– un cuarto de 27 varas de largo y 4 varas y 1/2 de ancho, paredes de piedra y barro y techo de madera bruta y paja;

– otro cuarto con armazón de madera de coco, pequeño;

– una cocina techada de cueros y cercada de lo mismo;

– también allí encontramos corrales, uno para encerrar caballos, de piedra y paja, otro de ramas para encerrar cabras.

De allí pasamos al puesto de **San Guillermo**, el 25 de abril, donde también prolijamente el inventario de Las Heras Canseco registra construcciones, a saber:

– un corral grande cercado de piedra seca con su trascorral de lo mismo;

– otro corral de lo mismo que sirve de tambo, con una división para encerrar terneros;

– un rancho de 5 varas de largo y 4 de ancho, armado de madera bruta, quinchado con cortadera y techado de paja;

– otro rancho más, mediano, de la misma especie, que sirve de cocina;

– una ramada de 5 varas de largo y 4 de ancho, de madera bruta;

– un rancho de paredes de piedra y barro, techado de madera bruta y paja, de 6 varas de largo y 4 de ancho;

– otro rancho techado de madera bruta y paja, paredes en parte de adobe y en parte de piedra y barro.

Prosiguen el inventario en el puesto de **La Ciénaga**, donde existía un cuarto bien tratado de 7 varas de largo y 4 de ancho, paredes de piedra y barro y techado de madera bruta y paja; y también consta un corral de rama y horqueta que sirve para encerrar la majada.

De allí pasaron al puesto de **San Ignacio**, donde había también construcciones:

– un rancho techado de madera bruta y paja, paredes de piedra y barro, como de 6 varas de largo y 4 de ancho;

– otro rancho de 6 varas de largo y 4 de ancho, techado de madera bruta y paja, paredes en parte de piedra y barro, y en otras de paja y barro;

– un corral grande y su trascorral de piedra seca; y

– otros 4 corrales de más o menos las mismas medidas.

Tres días después, o sea el 30 de abril, pasaron al puesto de **Las Minas**, distante del casco de la estancia como a 2 leguas, cuyas construcciones consistían en:

– un cuarto de 9 varas de largo y 5 de ancho, paredes de piedra y barro, y techado de madera bruta, caña y paja;

– otro cuarto que sigue al antecedente, de 6 de largo y 4 de ancho, paredes de piedra y barro, techado de madera bruta y paja;

– otro contiguo de 5 por 4, con paredes de piedra seca, techado de madera bruta y paja, y que sirve de cocina;

– una ramada pequeña de quincha, cubierta de madera bruta y cueros;

– otra ramada de 5 por 4, de paredes de piedra y barro;

– un horno de piedra y barro, pequeño;

– otro cuarto de 4 y 1/2 de largo por 4 de ancho, con paredes de piedra; y

– los corrales para encerrar yeguas y caballos, que abundan en este puesto.

De allí se dirigieron al puesto de **San Luis**, a 5 leguas y 1/2 del anterior, abundante en ganado caballar, donde encontraron también construcciones similares a las anteriores, especialmente para el manejo de los caballares.

Luego pasaron al puesto de **Santa Sabina**, cercano a San Luis porque está a 2 leguas nada más, y que como hemos dicho estaba destinado al manejo y concentración del ganado caballar y mular, muy abundante en la zona. La importancia de este puesto la da la descripción de las construcciones, que son mucho más completas puesto que nos encontramos con:

– una sala de 8 por 5, de paredes de piedra y barro revocado con cal por dentro, techado de madera bruta cañizo y paja, asentado en una pierna de llave, el cual consta de una ventana que mira al norte, una puerta con marco y 2 balaustres, y una puerta que mira al poniente, de tabla de algarrobo con marco de lo mismo, con cerradura y llave;

– a la entrada de dicha sala hay un zaguán que se forma con las mismas paredes que corren de los costados de dicha sala, y un mojinete de piedra y barro y techado al igual que la sala;

– a la siniestra del zaguán se halla un cuartillo de 5 varas de largo por 2 y 1/2 de ancho, su puerta con marco de madera y cuero, de madera labrada la carpintería, techo de madera labrada a hacha, cañizo y paja. En esa sala don Antonio de Las Heras Canseco inventarió una mesa de hechura ordinaria como de 7 cuartas de largo por 3 de ancho y 1 de alto, dos banquillos de madera bruta, una cruz de madera como de 1/2 vara de alto, y una silla de brazos. Detalla también:

– un cuarto de 5 varas y 1/2 de largo por 3 y 1/2 de ancho, paredes de piedra y barro, techos de madera bruta y paja, sin puerta;

– a ese cuarto sigue un zaguán de 4 varas de largo por 1 y 1/2 de ancho, paredes de piedra y barro, techado de lo mismo;

– un galpón de 15 varas por 4, de piedra y barro, techado de madera bruta y paja;

– instalaciones para hacienda: una ensenada grande cercada de piedra seca y un corral grande contiguo a ella, con tres puertas de trancas; contiguo, otro corral de buen grandor, con dos puertas a trancas, y otro corral separado, con su trascorral, de buen tamaño y dos puertas de trancas, y distante de los antecedentes, otro corral de piedra seca y dos puertas de trancas.

Si estudiamos la ubicación de los puestos y tenemos en cuenta el clima y las condiciones de cada zona, apreciamos la inteligente administración de los Padres en cuanto a la mejor explotación de las haciendas.

La tabla hipsométrica del territorio, tomada de la Geografía de M. Río y Achával (Tomo I) nos da las siguientes alturas: casco de La Candelaria: 1.200 metros sobre el nivel de mar; Avalos: 1.250 m.; Piedra Parada (límite naciente): 1.538 m.; Río Pinto: 985 m.; Yuspe: 1.433 m.; La Hoyada: 1.430 m.; San Antonio: 886 m.; San José: 950 m.; Los Gigantes: 2.372 m.; pie de cerro: 1.851 m.; Pampa de San Luis: lo más alto: 1.948 m., medio: 1.850 m.; Quebrada de los Dos Ríos: 1.855 m.; Río Hondo: 1.220 m.; Cruz de Caña: 1.050 m.; Soto: 610 m.

Estos datos reflejan las alturas medias de todo el territorio que estudiamos y donde los Padres ubicaron sus puestos estratégicamente para manejar la explotación ganadera. Damos a continuación los datos de los puestos más importantes verificados en 1767.

Puesto de San Luis: Manejado por un capataz esclavo: Jacinto Yoquia. Constaba de 419 yeguas de vientre; 46 potros, 74 potrillos y potrancas, 165 caballos mansos; cinco mulas mansas, 52 mulas de dos años, 16 de año, 6 burros hechores. El ganado vacuno se contó en Santa Sabina.

Puesto de Santa Sabina: Capataz: el esclavo Bartolomé. El ganado vacuno se rodea en este puesto, tanto el de otros puestos, cuanto «el de esta hacienda». La explicación que puede darse a esto es la equidistante ubicación de Santa Sabina para juntar en ella todos los ganados de las Pampas y los guaicos y poder hacer los aportes y selección allí por la comodidad del puesto. Se registra: 1.212 cabezas de ganado vacuno más 408 terneras de año; 402 yeguas, 56 potros, 60 potrillos y potrancas del año; 220 caballos mansos, 71 mulas mansas, 58 mulas de dos años arriba, 42 mulas de año, 6 burros hechos. Como totales con lo del puesto: 2.951 cabezas vacunas, 942 terneras y terneros, 27 yeguas, 4 potrillos, 165 caballos mansos, 6 mulas de dos años arriba.

Construcciones: cuartos de piedra y barro con techos de paja, ensenada y corral de encerrar y otros corrales.

Puesto de Las Minas: A cargo del capataz José Sosa. Se inventaría: 513 yeguas, 50 potros de 2 a 3 años, 78 potrillos y potrancas de año, 214 caballos mansos, 10 mulas mansas, 55 mulas de 2 a 3 años, 4 de año, 9 burros hechores.

Tiene un cuarto de piedra y barro con techo de paja.

Puesto de Rumi Bola (dista 6 leguas de Las Minas): Capataz: el esclavo Vicente. Se cuentan 42 mulas mansas; 1.306 mulas de 2 a 3 años, 222 yeguas, 14 potrillos y potrancas del año, 161 caballos mansos.

Tiene cercos únicamente y corrales.

Puestos del Yuspi y San José (dista cuatro leguas de Rumi Bola): 5 yeguas, 8 caballos mansos, 12 mulas de 2 a 3 años; 433 cabras; 189 cabezas de vacunos, 48 terneras y terneros; 2 bueyes aradores; 19 yeguas, 286 cabras.

Tiene un rancho y corrales.

Puesto de San Ignacio (dista tres leguas del Yuspi): A cargo del mayordomo de la estancia Ramón Núñez Abalos. De la recogida resultan: 420 yeguas, 16 potros de 2 a 3 años; 24 potrillos y potrancas; 141 caballos mansos, 2 mulas mansas; 305 mulas de 2 a 3 años, 68 de año, 25 burros hechores, 199 yeguas más.

Tiene casa y corrales.

Puesto de San Guillermo (dista tres leguas de San Ignacio): Inventario: 502 yeguas, 14 potros de 2 a 3 años; 23 potrillos y potrancas; 218 mulas de 2 a 3 años, 66 mulas de año, 158 caballos mansos; 27 burros hechores.

Puesto de La Candelaria (distante seis leguas de San Guillermo): Se hizo la recogida dirigida por Gerónimo (pardo esclavo de la Estancia): 355 yeguas, 33 potros, 48 potrillos y potrancas; 233 caballos mansos, 34 mulas mansas, 95 mulas de 2 a 3 años, 14 de año, 8 hechores. Tres majadas ovinas: dos de 2.164 animales grandes y chicos, y una de 1.140 animales.

Los esclavos de la estancia jesuítica

En octubre de 1767 el sargento mayor don Diego de las Casas, juez en comisión subdelegado por el comandante Fernando Fabro, comandante de la infantería antigua de la ciudad y puerto de Buenos Aires, que con funciones especiales acudió a Córdoba enviado por el gobernador Bucareli para hacer cumplir la expulsión de los Padres de la Compañía, dispúsose a cumplir el cometido en la estancia de La Candelaria, para lo cual labró acta en el puesto y paraje del Potrero (perteneciente a la estancia de Altagracia) el 5 de octubre, donde dejó constancia de que «en atención a ser el presente tiempo de primavera y en el que empieza la parición de las crías de mulas (hacienda que pide la mayor atención) y que de demorarse su recojo puede seguirse grave perjuicio, para remedio de lo cual debía mandar y mandó se pase a la referida estancia de La Candelaria», y esta diligencia sirvió de cabeza de proceso. Reinició las constancias[68] fechando las mismas en el puesto de San Luis perteneciente a La Candelaria (distante del Potrero cinco leguas).

En esa oportunidad vemos aparecer el primer esclavo de los que servían en La Candelaria. Se trata de Jacinto Yoquía, capataz del puesto de San Luis, quien por orden del Juez de Comisión recogió las haciendas para llevarlas a los corrales y proceder a la cuenta de inventario. En Santa Sabina (puesto más al norte de San Luis) registramos como capataz al esclavo negro Bartolomé. En este puesto se juntó enorme cantidad de hacienda por ser el

---

[68] A.H.C., Escr. 2ª, Leg. 46, Exp. 8.

lugar habitual de rodeo general, y la tarea de cuentas llevó tres días, del 7 al 10 de octubre. En el puesto de Las Minas aparece un capataz libre: José de Sosa; en Rumi Bola los Padres tenían como capataz el esclavo negro Vicente; en los puestos de Yuspe y San José no figura capataz; en San Ignacio estaba a cargo el mayordomo de la estancia llamado Ramón Núñez Abalos (no se especifica si era esclavo o libre); en el puesto de San Guillermo encontramos como capataz a Juan Evangelista (se hace constar que es libre); desde allí contó el Juez de Comisión las haciendas de los puestos de La Ciénaga y San Javier. Su tarea continuó el 15 de octubre en la Casa de La Candelaria, donde consta estar de responsable Gerónimo, pardo esclavo «de esta Hacienda».

Allí el 20 de octubre de las Casas levantó inventario de los negros esclavos para lo cual mandó «bajasen en los Puestos donde asisten», para tomar razón de sus nombres y edades comenzando por los negros de mayor edad, y casados, siguiendo con los solteros y hasta los párvulos, y así se hizo, siendo el total de varones, 90, con edades entre sesenta años y dos meses.

El inventario de las mujeres de esa hacienda arrojó: 94, de entre sesenta y cuatro años y seis meses de edad.

La tasación de los esclavos la hizo en abril de 1769 Antonio de Las Heras Canseco, y oscila, según las edades, entre 50 pesos los más viejos y los niños, y 200 pesos los esclavos jóvenes y aptos para trabajar.

En 1773 se produce la retasa de don José de Elías, con motivo de la decisión de poner a la venta en pública subasta la estancia de La Candelaria, tomada por la Junta de Temporalidades. En esa fecha, de los 184 esclavos inventariados por de las Casas en 1767 quedaban (integrando familias) sólo 76.

En el inventario, en entrega de la administración de Las Heras Canseco a Justo Roque Funes [69] consta el oficio de algunos de los esclavos. Así sabemos que uno de ellos llamado Juan Agustín, es cortador de tejas y ladrillos; Francisco Río Cuarto es oficial carpintero. Hacemos presente que hemos hecho referencia a escla-

---

[69] A.H.C., Escr. 2ª, Leg. 44, Exp. 15.

vos que tenían responsabilidad del cuidado y manejo de las haciendas como encargados y capataces, lo que muestra el alto grado de confianza de los Padres hacia muchos de sus esclavos.

Finalmente, quedaban en La Candelaria sólo 39 esclavos con sus mujeres e hijos; el resto había sido trasladado paulatinamente a Córdoba para su venta y otros habían huido. En 1773 —según expediente citado— sacaron en almoneda, en Córdoba, a esclavos de La Candelaria tasados en conjunto (eran cuatro piezas) en 440 pesos.

Lo dicho precedentemente, con fundamento documental, nos da una idea de cómo se manejaron los Padres en La Candelaria en cuanto a mano de obra y explotación del enorme dominio. La intervención real nos muestra cómo se fue disolviendo la población africana esclava de "La Candelaria". El resultado fue la extinción de esa gran unidad productiva, la subdivisión de las tierras y la decadencia de la explotación rural.

Producción y consumos

La producción de la Estancia puede seguirse a través de los libros de cuentas que se han conservado: uno en el Archivo Histórico: pequeño libro con tapas forradas de cuero curtido con noventa y cuatro folios, donde se dice que contiene las cuentas del Procurador de la Casa con cada Estancia, a saber: Alta Gracia, Jesús María y Candelaria. Las correspondientes a La Candelaria son de los años 1750 y 1759.

En el Museo del Virrey Liniers de Alta Gracia existe otro libro de anotaciones de cuentas. El de entradas y gastos de La Candelaria va de 1718 a 1771 (cinco años después de la expulsión).

La administración de los Padres está registrada desde 1718 hasta 1736; puede completarse pues con el libro existente en el Archivo Histórico ya citado.

La administración de funcionarios reales se registra desde 1771 hasta 1773 y lleva el título de "Libro real común y general de cargo y descargo de la Real Hacienda"; corresponde a la administración de don Justo Roque Funes.

Los productos obtenidos de la explotación de la Estancia, según esa documentación son principalmente: lanas, algodón, y de su elaboración en la misma: cordellate (tejido basto de lana cuya trama forma cordoncillo), lienzo (de algodón), bayeta (de lana tejida floja); frutas secas: pasas de uva, de higo, pelones, charque de manzana; cebo y grasa (que se ponían en chiguas y vejigas); cueros, vaqueta; elaboración de quesos; se cosechaba trigo y también se molía en el molino existente, registrándose por almudes.

En cuanto al movimiento de haciendas, puede afirmarse que La Candelaria proveía a otros establecimientos de la Compañía de ovejas y carneros como puede verse en asientos del año 1753 donde consta —en julio— su entrega a Altagracia; y en diciembre de 1756 se asienta una entrega de dos mulas para Santa Ana (la quinta de la Compañía en las afueras de Córdoba). Asimismo se registran envíos de reses a La Rioja, y otros envíos sin constar el destino, hechos a través de fleteros, apareciendo el nombre de uno de ellos: Barrera. En asientos de abril de 1754 consta la salida de 120 reses llevadas por un tal Castellanos.

La importante existencia de haciendas a que he hecho mención al tratar de los inventarios levantados en los diversos puestos de la Estancia nos revela el intenso tráfico del establecimiento en materia de vacunos y mulares. Cuando la administración pasa al poder real vemos cómo empieza a desmembrarse la riqueza ganadera de la Estancia. Funes registra entregas de yeguas, padrillos, burros hechadores y caballos a compradores como Francisco Antonio Díaz, José de Izasa (que fuera luego el nuevo propietario de toda La Candelaria) y a Miguel Antonio Fernández, en cantidades considerables. También registra Funes la entrega de 192 mulas, en mayo de 1772, a Nicolás de Sologumen, por cuenta de su suegro Miguel de Caldevilla, administrador de la estancia de Santa Catalina.

En lo referente a lo que usaba y consumía la Estancia tenemos también datos de interés obtenidos de los libros de cuentas.

Para el uso se recibían desde Córdoba: telas importadas para la Capilla y el culto; sombreros, gorros, tijeras de esquilar, rejas, clavos, frenos, espuelas, plomo, estaño, tachuelas, hilo, acero "de Milán", pólvora, cuchillos, cera "de Santiago", jarros, hachas, picos para molino, candados, cucharas de albañil, seda, papel, brocas, palas, azadones, pabilo para las velas, alumbre, fustes, añil. Una curiosa referencia trae el Libro de Cuentas: en el asiento de agosto de 1757 (se repite otras veces) figura el envío de "polvillo" (rapé) para el uso del Estanciero y del señor Cura y el Capellán (Libro de Cuentas de A.H.C., julio 1759 y julio-agosto de 1755).

En los detalles destacamos: envío para consumo de botijuelas de aceite, tabaco, yerba, incienso, odres de vino, sal y —cosa muy curiosa— pejerreyes y corvinas.

En el Libro de Cuentas que se encuentra en Alta Gracia (Museo Virrey Liniers) vemos las constancias de las visitas hechas por Padres que tenían esas funciones (como de auditoría) y las constancias en dinero de lo que se enviaba y de lo que producía la Estancia. En 1718 por ejemplo consta que la Estancia produjo 2.230 pesos y que el Colegio envió en bienes por valor de 3.839 pesos, lo que refleja un quebranto de 1.604 pesos.

Registramos las siguientes visitas: del P. provincial Juan Bautista Lea en 1718; del P. provincial José de Aguirre el 28 de setiembre de 1721; del padre provincial Ignacio de Arteaga en 1726; del P. provincial Gerónimo Herran en 1733, y en 1734 la visita del P. Aguilar.

Según los libros revisados la explotación de la estancia de La Candelaria habría dado pérdida en muchos años de su explotación.

Los Padres visitadores lo hacen notar en cada asiento de "visita". Es probable que la contabilidad no fuera muy ortodoxa y que se valuara en muy bajo índice lo obtenido de la Estancia, porque del examen de los libros encontramos que muchos productos allí obtenidos se mandan a Córdoba y a otros establecimientos rurales como Altagracia y Santa Catalina.

No he encontrado inventarios de los PP. de las existencias de ganado en la Estancia, ni de la cantidad de esclavos ocupados en la explotación rural y en el obraje (carpintería, tejeduría, quema de cal, etc.).

Con la ayuda de los inventarios reales, algunos inmediatos a la expulsión (Las Heras Canseco y de las Casas) podemos afirmar que tenían bien organizados los diversos "puestos" de la Estancia, en manos de esclavos puesteros y de hombres libres. Existían corrales y comodidades adecuadas en cada puesto, como puede verse en la descripción que he hecho de cada uno de ellos.

En cuanto a la vigilancia de ganados y a su identificación, la frecuenta de "rodeos" y el uso prolijo del "yerro" les permitía discriminar lo que era de ellos y lo perteneciente a vecinos, y recuperar el ganado que pudiera haberse alejado de la vigilancia de los capataces.

Como dato de interés hacemos notar que la invernada de mulas se efectuaba en El Potrero (lugar de la Sierra de Achala en camino hacia San Antonio; puesto de Altagracia) llegando a concentrar allí hasta más de siete mil mulas. Las caballadas —según puede inferirse de los expedientes reales de la Junta de Temporalidades— estaban preferentemente reunidas en el llamado Potrero de Abalos (zona del naciente hacia el norte: desde las fuentes del río de Santa Sabina hasta Pinto).

La zona de pampas desde el pie de Los Gigantes hasta el centro de la estancia de La Candelaria se utilizó para criar abundante ganado vacuno y majadas. Sin faltar caballada; en los llamados "puestos de la sierra", La Ciénaga y San Javier, sobre la cumbre de Gaspar y faldeo, abundantes majadas de lanares. De Elías ordenó la recogida para contarlas (ver la referencia detallada de cada "puesto").

Explotación agrícola hubo en la zona de la estancia de La Candelaria, chacras cercanas al establecimiento cabecera. Allí se sembró trigo, algodón y porotos. Huerta encontramos en La Candelaria solamente, no así en los puestos.

La explotación se hacía con los esclavos repartidos en los puestos bajo la dirección de capataces dependientes del Hermano estanciero. Todos los esclavos eran de procedencia africana, comprados a los negreros que los traían al puerto de Buenos Aires, trasladados a Córdoba en carretas por los Padres. Ya se hado noticia del número, edades y distribución por familias.

Explotaron minas y canteras en la zona que abunda en todo ello: canteras de cal y piedra para construcción; minas como la del Niño Dios que daban mineral de plata; el estaño parece que abundaba (carta del Hno. Klausner de marzo de 1718 citada por el P. Gracia: *Los Jesuitas en Córdoba*, sin referencia de fuente documental).

La obtención de lana era uno de los rubros más importantes. Tanto por los libros de cuentas cuanto por cartas entre los padres, como por ejemplo las que inserta el padre Grenón en su libro sobre Alta Gracia, copiadas del Archivo General de la Nación (Compañía); sabemos que la estancia proveía a la tejeduría de Alta Gracia. El padre Roca el 28 de noviembre de 1715, en visita a Altagracia dispone que «la gente de la Estancia ayudaría a la de La Candelaria a conducir la lana, porque —dice— la gente que hay en La Candelaria es poca». El Hno. Klausner, desde Altagracia escribe al Hermano Juan Bautista Veracierto que estaba en La Candelaria, el 19 de febrero de 1728 y le dice que «no tiene cómo hacer buscar lana para el obraje de Altagracia», porque al parecer la gente estaba ocupada con los orejones (conserva de durazno) (cf. Grenón, lugar citado).

Caminos

Los caminos de la travesía de la Sierra Grande a que se hace referencia en los expedientes examinados son los siguientes:

1642.— Toma de posesión de las tierras y demasías en el cerro Grande de Achala por Francisco de Vera —15 de setiembre de 1642—: «...son dichas tierras las que corren desde el cerro Grande de Achala hasta el río de los Guamanes y las demasías en el *Camino de Salsacate* hacia la parte naciente del sol»[70].

1668.— La Compañía pide merced de tierras en Achala. Indica la petición del padre Ibáñez, procurador general en Córdoba: «...encima de lo alto de una cordillera que se llama de Achala, como a 14 leguas de esta ciudad de Córdoba, por donde corre *una senda que sirve de camino* para bajar a los pueblos del valle de Nono, que fueron de Juan Nieto»[71] (las tierras del pantano de Nieto en las fuentes del Anisacate).

1671.— Gregorio Díez Gómez pide merced de tierras que están a 14 ó 15 leguas de la Jurisdicción de la ciudad de Córdoba; «...*camino hacia el valle de Salsacate,* que se llaman las tierras (las que pide) según la intitulan los naturales, Caraguasi y Tarucapampa»

---

[70] A.H.C., Escr. 2ª, Leg. 48, Exp. 8, 1774.
[71] A.H.C., Escr. 2ª, Leg. 2, Exp. 8, 1668-74.

(al sur: el potrero de los Padres–Alta Gracia y al norte el potrero de Quevedo–Santa Gertrudis, al naciente con Achala y al poniente con Mussi y Ambul)[72].

1755.— Auto de Juan de Pestañas y Chumacero, gobernador y capitán general de Córdoba, sobre linderos y mojones que deben deslindar las tierras de la estancia de San Antonio pertenecientes a los reverendos padres de la Compañía de Jesús, y las de San Roque del maestro don Gerónimo Salguero.

Se relaciona allí un lindero y sus mojones; resolviendo que dichos linderos deban ser los que el capitán Pedro González Carriazo asignó en el deslinde de 1625; confirmando los ejecutados por don Francisco de Medina. Sigue la apelación al auto del maestro don Diego Salguero donde hace referencia al *Camino que va a Salsacate*, en la siguiente forma: «Al último mojón que puso Pedro G. Carriazo arriba en lo alto donde está un corral de piedra entre el *camino que va a Salsacate, y el río Grande* que viene a entrar a Quisquisacate...»[73].

1754.— Don Gerónimo Salguero de Cabrera, a fs. 18 y 55 hace alegato, en contra de la mensura de Medina y expresa a fs. 22 que existe una línea amojonada de naciente a poniente y arrimada a ella por la parte del naciente la estancia de San Antonio y por la parte del naciente al *Camino de Comechingones* «que es el camino que va a Salsacate».

A fs. 24 existe diligencia del juez comisionado García Guilledo hecha en enero de 1755, que parte «del Paraje y camino nombrado de Comechingones». «Desde Comechingones se divisa claramente con toda la sierra de Achala, halló que dicho mojón de Comechingones se hallaba línea recta al oeste inclinado media quarta al noroeste entre cuarta y viento y por el contrario San Antonio al este en la misma línea y mirando en la misma conformidad de la sierra de Achala, quedaba libre, de la contenida línea

---

[72] A.H.C., Escr. 2ª, Leg. 2, Exp. 16, 1664-74.
[73] A.H.C., Escr. 2ª, Leg. 25, Exp. 21, 1755.

por la parte del sur y siguiendo dicha línea, y a donde enderezaba el *camino que va a Salsacate* hacia el norte quedaba arriba ya en la mesada y sobre la Cumbre un puesto de los Padres de la Compañía, al norte a la derecha cosa de cuatro o cinco cuadras con cuyo reconocimiento enterado que este dicho camino sale de dicha estancia de San Antonio enderezando como se refiere por junto a dichos mojones donde nos hallamos, y luego pasando el río por junto a dicho corral dejándolo éste a la izquierda pasa por los dichos mojones de Comechingones quedando arrimado a dicho camino...».

Y luego deja la siguiente constancia: «Pregunté si *era éste el Camino que va a Salsacate* me respondieron que por San Antonio no venía otro camino que pasa a Salsacate que el que estábamos divisando» (fs. 25)[74].

Nos bastan estos datos para ubicar el camino que pasando por San Antonio subía por el paraje de Comechingones para enderezar hacia Salsacate. Comechingones lo ubicamos con la geografía de Río y Achával de la siguiente forma: «Reunidos los ríos del Cajón y de Ichocruz, corren al Este con el nombre de río de *San Roque*, el cual recibe en la margen izquierda, a dos leguas de la Junta, el arroyo las *Achiras*, que nace en la Pampa del Potrero, corre de N. a S. y desemboca en el Salto, después de un recorrido de 5 km.; enseguida, a media legua del anterior, el arroyo de la *Cuesta Blanca*, que nace en el lugar así llamado y desagua en la Chacra de Comechinga» (Río y Achával: *Geografía de la provincia de Córdoba*, tomo 1º, p. 100).

En conclusión: ese camino que subía a la Sierra Grande para ir a Salsacate pasaba por el casco al sur de San Antonio y con rumbo noroeste llegaba al "paraje de Comechingones" o con su nombre actual "Chacra de Comechinga", donde desagua el río de la Cuesta Blanca. Desde allí el camino subía al Potrero y bordeando el faldeo de la sierra de Los Gigantes entraba por la boca de la Quebrada siempre en dirección noroeste, para seguir por el fondo de la Quebrada acercándose al río del Retamillo y luego cru-

---

[74] Exp. citado en página anterior.

zando el río Grande para subir por la Cuesta Vieja y descender por río Hondo al valle de Salsacate.

La afirmación de que el camino «sube arriba de la cumbre hasta la puerta de la quebrada donde sigue dicho camino que va a Salsacate» la fundamos en las declaraciones recibidas por García Guilledo en las operaciones de deslinde [75].

Es necesario dejar aclarado que en el mismo expediente a fs. 66 (hoja 46) se encuentran las preguntas propuestas por el padre Antonio Miranda como procurador de la Compañía y representante del Colegio Máximo; la 9ª y 10ª sobre el camino de Córdoba a Salsacate afirmando ser el que pasa por San Roque y por la estancia de don Juan Liendo el camino «por donde desde esta Ciudad van los pasajeros a dicho pueblo de Salsacate».

En la siguiente pregunta pone la alternativa al preguntar si saben que «el camino que va desde la estancia de San Antonio para el puesto del Potrero sea o haya sido camino real para ir desde Córdoba a Salsacate y si lo es, o ha sido, por qué cuesta iba dicho camino desde esta ciudad para pasar por la dicha estancia» (San Antonio).

El único testigo a quien se le recibió declaración en Córdoba el 26 de abril de 1755 fue Ignacio Quiñones, de ochenta años, muy desmemoriado, según puede inferirse, pero al contestar a la 9ª pregunta dijo: «...que no ha conocido más camino real para ir de Córdoba a Salsacate que el que va por San Roque y por Tanti» y al responder a la 10ª dice: «...que nunca ha oído decir que el camino que cita la pregunta fuese *Camino Real* para Salsacate». Queda claro que el camino de San Antonio por El Potrero y La Quebrada fue camino para Salsacate; y que *el real* en 1755 era el que por San Roque y Tanti subía a la Sierra.

1615.— Otro camino he encontrado en el acta de merced que el gobernador Quiñones Osorio hace al capitán Pedro Arballo de Bustamante en el año 1615, en la cual al referirse a cómo deben medirse esas tierras expresa que lo es «en el arroyo que

---

[75] A.H.C., Escr. 2ª, Leg. 26, Exp. 3, 1756, fs. 26 y 55.

está entre el río que pasa media legua poco más o menos del pueblo de Ayampitín y el río de la estancia de Quilambe, que tenga de largo empezando a medir desde donde se pasa el dicho arroyo *por el camino* de Ayampitín a Quilambi»[76].

1749.— El padre Florián Paucke S.J. hizo la narración de su viaje por estas tierras en su obra *Hacia allá y para acá* (una estada entre los indios mocobíes 1749-1767). En esta narración cuenta su experiencia vital al conocer Alta Gracia y una «alta sierra solitaria que es la más alta cerca de Córdoba y es denominada Chala o sea Tschala», donde a unas cinco leguas del sitio de Alta Gracia se encuentra una dependencia llamada «puesto de San Antonio entre puros peñones y la alta sierra desnuda, *con tres malas chozas* donde viven cinco moros negros *que cuidan hasta ocho mil yeguas*». Pondera la sierra alta y que han visto las nubes de lluvia debajo de ellos y notó que arriba hay campos de pastoreo «con el mejor pasto, ríos y aguas que en mi vida no se me ha presentado nada mejor, más hermoso ni agradable para la crianza de ganado...».

Siguiendo su narración, sabemos que subió la sierra a caballo. Antes ha dicho que había estado en San Antonio y luego que conoció la sierra y *cumbre* de Achala. Desde allí, luego de una rodada del caballo, en la que tuvo suerte, dice: «Después de media hora llegamos a la estancia Candelaria fuimos recibidos con gran amabilidad por un sacerdote residente allí y el *hermano*, su compañero». Esto fue en noviembre[77].

---

[76] A.H.C., Escr. 1ª, Leg. 563, Exp. 1, 1878. (Copias en la Mensura de Ávalos).

[77] JUNTA PROVINCIAL DE HISTORIA DE CÓRDOBA, *Córdoba Ciudad y Provincia siglos XVI-XX, según relatos de viajeros y otros testimonios*. Córdoba, 1973, p. 145 y ss.

Conclusiones propuestas

Como resultado de la presente investigación podemos sostener algunas conclusiones específicas.

A. La actividad económica de la Compañía en Córdoba reflejada en la explotación de la estancia de La Candelaria, tuvo por fin obtener medios para el mantenimiento de sus institutos: el Colegio Máximo, el Noviciado y el Convictorio de Córdoba.

B. Laicos de fortuna vinculados a ella fueron generosos en donaciones de tierras a la Compañía, la cual muestra la ponderación de la obra de la Compañía en la sociedad de Córdoba en tiempos de la Colonia.

C. La obra de industriosa explotación de los Padres de esas enormes extensiones de tierras es un modelo de manejo racional de la actividad agrícola-ganadera vinculada a industrias primarias productivas.

D. El material humano empleado en la explotación muestra la observancia de las leyes en vigencia con relación al trabajo de naturales. La Compañía manejó esos bienes con recursos humanos de raza negra importados al Río de la Plata. No se advierte uso de naturales encomendados o tenidos a mita.

E. La más importante construcción fabricada por los Padres en el casco de la Estancia: la iglesia, habitaciones para religiosos, para esclavos, construcciones de molino, depósitos, tajamar, local de talleres, etc. revela el empeño de la Compañía en cuanto al cumplimiento de un plan general (ya que las otras estancias que tuvieron en Córdoba tienen semejanza en esos elementos destinados a fines similares). En ese plan advertimos: la actividad misional, la primacía del sostenimiento de las obras destinadas a la educación que funcionaron en la ciudad de Córdoba; la tarea industrial dirigida a la producción más necesaria para esos fines.

F. El desarrollo de esa economía rural aparece como infraestructura sobre la cual poder asentar una actividad sociocultural de suma importancia que en su desarrollo a través de más de un siglo ha marcado en forma indeleble a Córdoba. Porque puede decirse que "el espíritu jesuítico" se proyectó en Córdoba mucho tiempo más allá de los años de la expulsión de la Compañía. Su vuelta, si bien no significó la recuperación de esa poderosa infraestructura patrimonial, sí reanudó el predominio del "espíritu jesuítico" cuyos efectos aún hoy comprobamos en la sociedad cordobesa.

BREVE GLOSARIO

almoneda. (ár. *almunada*, el pregón.) f. Venta pública de bienes muebles con licitación y puja; y por ext. se dice también de la venta de géneros que se anuncian a bajo precio.

almud. (ár. *al-mudd*, la medida para áridos) m. Medida de áridos de capacidad variable según los lugares.

anata (del l. *annus*, año). f. Renta, frutos o emolumentos que poduce en un año cualquier beneficio o empleo.

atahona. f. **tahona.** f. Molino de harina cuya rueda mueve una caballería. // Lugar en que se hace pan y se vende.

balaustre (balaústre). (De *balaustra*, por la semejanza del adorno). m. Cada una de las columnitas que con los barandales forman las barandillas o antepechos de balcones, azoteas, corredores o escaleras.

batán. m. Máquina compuesta de unos mazos gruesos de madera, que adheridos a una rueda impelida por la corriente del agua, suben y bajan alternativamente, ablandando las pieles y apretando los paños con los recios golpes que menudean sobre ellos. // Edificio en que funciona esta máquina.

bayeta. (ital. *baietta*, y éste de *baio*, del l. *badius*, rojizo.) f. Tela de lana floja y poco tupida.

botijuela. f. diminutivo de botija.

cincho. (l. *cingulum*, ceñidor.) m. Aro de hierro con que se aseguran o refuerzan barriles, ruedas, etc.

cordellate. Tejido basto de lana, cuya trama hace cordoncillo.

camareta. f. Diminutivo de cámara.

costaneras. f. pl. Vigas menores o cuartones, que cargan sobre la viga principal.

cumbrera. (De *cumbre.*) f. Pieza de madera de seis o más metros de longitud y con una escuadría de 25 centímetros de tabla por 22 y medio de canto. // Caballete del tejado.

chigua. f. CHILE. Especie de serón hecho con cuerdas o corteza de árboles, y con la boca de madera.

chuse (probablemente por **chuce**. m. Especie de alfombra que fabrican los indios del Perú).

encanillar (torno de). Devanar la seda, lana o lino en las canillas. (**canilla.** f. La cañita en que los tejedores devanan la seda o hilo para ponerlo en la lanzadera).

encavesonamiento (por encabezonamiento). (De *encabezonar.*) m. en desuso: Encabezamiento. m. Acción de empadronar o encabezar. // Ajuste de la suma o cuota que deben pagar las personas o vecinos por contribución, ya sea en diferentes ramos o en uno solo.

enlucido, da. p.p. de enlucir. // adj. Blanqueado. // m. Capa de yeso, estuco, etc., que se da a las paredes con objeto de obtener una superficie tersa.

facistol. (b. l. *facistolium*, y éste del germ. *faldastôl*, sillón) m. Atril grande donde se colocan libros para cantar en las iglesias.

garañón. m. Asno semental.

gonce. m. Gozne.

hisopo. m. Aspersorio para el agua bendita.

patacón. (De *pataca.*) m. Antigua moneda de plata. // Moneda de cobre de 2 cuartos, hoy 10 céntimos. // Peso duro.

ramadoncito (probable diminutivo de **ramada.** AMÉR. Cobertizo, toldo).

sesma. Sexma (de *sexmo*) f. Sexta parte de una cosa, particularmente la de la vara.

tostón. (De *testón*.) m. Moneda portuguesa de plata que vale cien reis.

traspatio. m. AMÉR. Segundo patio de las casas de vecindad, detrás del principal.

urdidor. m. Urdidera. f. Instrumento para preparar los hilos para las urdimbres.

vaqueta. f. Cuero de ternera adobado y curtido.

TABLA DE MATERIAS

Pág.

Reconocimientos del autor	7
Nota del editor a la segunda edición	9
Advertencia	11
La merced en la Sierra Grande a García de Vera Mujica	13
Los Vera Mujica (tierras, pleitos, gentes)	19
La donación de Francisco de Vera	31
La consolidación de los límites	47
Los límites con la estancia de Ledesma	57
Examen de las mensuras	59
Mensura de de Elías	62
Mensura de Chavarría	65
La obra de los Padres	67
La arquitectura	72
Descripción que tiene la retasa hecha por don José de Elías en 1773	75
La iglesia de La Candelaria	83
El equipamiento de producción	95
La ranchería	97
Noticia sobre algunos puestos de la estancia, en la recorrida del oficial real Diego de las Casas en el año 1767	99
Los esclavos de la estancia jesuítica	107
Producción y consumos	111
Caminos	117
Conclusiones propuestas	123
Breve glosario	125

Se terminó de imprimir en el mes de septiembre
de 1999, en Editorial "El Copista",
calle Lavalleja N° 47, Of. 7,
5000 Córdoba, República Argentina.

el copista
Lavalleja 47 - Of. 7 - Córdoba - Tel. 4215449